生成AI・30の論点
2025-2026

30 TRENDS OF GENERATIVE AI
2025-2026

野村総合研究所
城田真琴
MAKOTO SHIROTA

日本経済新聞出版

まえがき

　生成AIの代名詞とも言えるChatGPTが2022年11月末に登場して以来、世界は生成AIの急速な進化と、そのビジネス、経済、社会への多大な影響を目の当たりにしている。生成AIは、わずか2年でテクノロジーの歴史において類を見ない速度で浸透し、私たちの生活や仕事のあり方を変えつつある。

　生成AIを支える基盤モデルや、それを活用したアバターやエージェントといったアプリケーション、そして画像や音声、動画の生成技術は、もはや本物と見分けがつかないほどの精度を誇る。また、生成AIを活用したスタートアップが次々と誕生し、大手テック企業間では熾烈な主導権争いが繰り広げられている。

　株式市場もその影響を如実に示している。2024年6月、エヌビディアの時価総額は約3兆3400億ドル（約527兆円）に達し、マイクロソフトを抜いて世界一の企業となった。AI対応ネットワーキングソリューションを提供するブロードコムや、エヌビディアのAIチップ生産を担うTSMCも同様に株価が高騰し、生成AI関連市場がグローバルな経済成長を牽引している。

　一方で、この技術の急成長は新たな課題も浮き彫りにしている。ディープフェイクや軍事利用への懸念、データを巡る国際的な摩擦、データセンターの莫大な電力消費など、解決すべき問題は山

積している。これに対応するため、各国では規範やガイドラインの整備が進められつつある。

　本書では、生成AIの未来を占う上で注目すべき30の論点を、「ビジネス」「テクノロジー」「社会・経済」の3つのカテゴリに分けて解説している。読者は、興味のあるテーマから自由に読み進められる構成となっているが、関連する論点を続けて読むことで、生成AIがどのように複数の分野に影響を与えているかを立体的に理解することができるだろう。

　本書が、生成AIの未来を考える際の一助となれば幸いである。

2025年1月　城田真琴

生成AI・30の論点　2025-2026　目次

第1章　ビジネス編

- 1.1　OpenAIの営利組織への移行は何を意味するか　8
- 1.2　生成AI企業のビジネスモデルは持続可能か　15
- 1.3　AI企業とメディア企業の綱引きのゆくえ　21
- 1.4　VCがGPUを買い集める理由とは　28
- 1.5　LLMの価格低下は本物か　35
- 1.6　AI PCは普及するか　43
- 1.7　大手テック企業が進める「隠れ買収」とは何か　49
- 1.8　AIアバターのビジネス活用は進むか　58
- 1.9　AIのハリウッド進出は実現するか　65
- 1.10　AIエージェントはSaaSのビジネスモデルを変えるか　71

第2章　テクノロジー編

- 2.1　AIエージェントは人間の代わりになるか　78
- 2.2　ソフトウェア開発エージェントは人間のエンジニアを代替するか　86
- 2.3　オープンソース基盤モデルはクローズドソースに取って代わるか　94
- 2.4　LLM自動ルーティングでコストは削減できるか　101

2.5 エヌビディア対抗のAIチップは現れるか 107

2.6 小型言語モデル（SLM）の台頭 116

2.7 ハルシネーションはなくせるか 124

2.8 AI検索で何が変わるのか 131

2.9 AI検索が促すSEOからAEOへの戦略転換 138

2.10 AGI（汎用人工知能）は実現するか 145

第3章　社会・経済編

3.1 AIで重要性が増すスキル／低下するスキルとは 156

3.2 生成AIによる環境への負荷にどう対処するか 163

3.3 欧米で進むAI規制と業界への影響 169

3.4 フェイクコンテンツは防げるか 176

3.5 選挙におけるディープフェイクの脅威と対策 183

3.6 「AI搭載」誇大広告にメス 190

3.7 生成AIは「オレオレ詐欺」を助長するか 196

3.8 ソブリンAIに日本はどう取り組むか 203

3.9 米中AI協議のゆくえ 212

3.10 AIの軍事利用は防げるか 218

第 1 章

ビジネス編

CHAPTER 1

BUSINESS

30 TRENDS OF GENERATIVE AI
2025-2026

1.1

OpenAIの営利組織への移行は何を意味するか

OpenAIが非営利組織から営利組織への移行を検討しているというニュースが、AI業界に波紋を広げている。この動きは単なる一企業の経営判断を超えて、AI開発の未来とその社会的影響に関する重要な問いを投げかけている。

OpenAIの設立背景と資金調達の課題

　OpenAIは2015年に人類全体に利益をもたらす安全なAIの開発を目指し、非営利組織として設立された。当初は純粋な研究機関としての性格が強く、AIの潜在的な危険性を懸念する研究者たちが中心となって運営されていた。

　しかし、AIの開発には膨大な資金が必要であり、特に大規模なAIモデルを訓練するための計算リソースや、優秀な研究者を確保するためのコストが急増していった。設立当初から多くの寄付を受けていたが、次第にその規模では必要な研究を継続することが困難になっていった。

そのため、2019年にOpenAIは営利子会社であるOpenAI LPを設立し、利益の上限を設けた「capped-profit」という構造を導入した。この構造では、非営利の親会社が営利子会社を管理し、投資家の利益に上限を設けるという方式となっている。短期的な利益追求よりも長期的な安全性と社会的利益を優先させる狙いがあった。

しかし、最近ではこの構造が投資家にとって障害となり始めており、OpenAIは企業構造をよりシンプルで投資家にとって魅力的なものにすることを検討していると報じられている。

サム・アルトマン氏解雇事件と企業構造の問題

OpenAIの企業構造が注目された事件の一つが、2023年11月に発生したサム・アルトマンCEOの解雇事件である。この事件は、非営利の取締役会が営利子会社を管理するという複雑な体制（図表1-1）の中で、取締役会がアルトマン氏を解任するという決定を下したことがきっかけであった。

理由としては「コミュニケーションの断絶」や「信頼の喪失」が挙げられたが、具体的な詳細は不明であった。この決定は多くの投資家や従業員にとって予想外であり、強い反発を引き起こした。最終的に、アルトマン氏はわずか5日後に復職し、取締役会のメンバーも刷新された。

この事件は、取締役会が投資家や従業員の意向を無視して経営判断を行うことが可能であるという、企業構造の問題を露呈した。非営利の取締役会が営利企業を管理する形態では、利益追求と公益性の間に生じる矛盾が表面化しやすくなる。この解雇事件は、そうした構造的な緊張が原因で発生したと考えられる。

図表1-1　OpenAIの組織構造

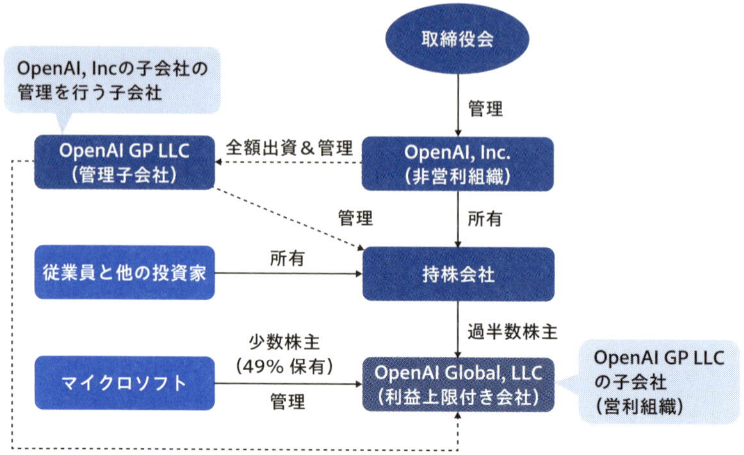

出所) https://openai.com/our-structure をもとに作成

新たな企業構造への移行と相次ぐ幹部の退社

　アルトマン氏の復帰後、OpenAIは完全な営利企業への移行を検討し始めた。2024年10月にはマイクロソフト、エヌビディア、ソフトバンクなどが参加し、1570億ドル（約23兆円）の企業評価額で66億ドル（約9670億円）の資金調達を完了したと報じられている。

　営利企業への転換を進める中で注目されているのが、幹部の相次ぐ退社である。2024年5月にはOpenAIの共同創設者イリヤ・スツケバー氏とアライメント[1]チームのリーダーだったヤン・ライケ氏が退社している。2024年8月には共同創設者でライケ氏の業務

---

1. アライメントとは、AIシステムが，意図しない望ましくない目標ではなく，人間の価値観や関心に合った目標を追求するように制御すること

10　第1章　ビジネス編

を引き継いでいたジョン・シュルマン氏が退社している。さらに2024年9月には、長年OpenAIの最高技術責任者（CTO）を務めてきたミラ・ムラティ氏も突然退社した。ムラティ氏はOpenAIの技術戦略の中心人物であり、その退社は大きな波紋を呼んだ。また、同時に研究責任者のボブ・マグルー氏と研究副社長のバレット・ゾフ氏も退社している。

これらの幹部は、いずれもAIの安全性や倫理性に強い関心を持っていた人物であり、営利化に伴う企業方針の変化に対する懸念が背景にあった可能性がある。実際、ヤン・ライケ氏とジョン・シュルマン氏はOpenAIを退社後、競合のアンソロピックに入社し、アライメントチームの結成に取り組んでいる。相次ぐ幹部の退社は、OpenAI内部で利益の追求とAIの安全性との間でバランスを取ることが難しくなっていることを示唆している。特に、企業が短期的な利益に焦点を当てるようになると、AIの安全性に対する取り組みが後回しにされるリスクがある。

企業構造の転換と投資家への影響

OpenAIはその非営利構造によって、多くの投資家に対して独自の制約を課してきた。たとえば、初期投資家は100倍までのリターンが上限として設定されており、これは通常のベンチャーキャピタルの投資基準からは大きく外れる。さらに、OpenAIの非営利の取締役会は「人類全体に利益をもたらす」という使命を最優先にしており、利益の最大化が投資家の唯一の目的とはならない。この構造は、資金を提供する側にとってはリスクが高く、また非効率的に見えることもある。しかし、OpenAIはその理念を守りな

がらも、資金調達のために一定の柔軟性を持たせるため、利益制限付きの営利モデルを採用してきた。

　今後、OpenAIが非営利法人から営利企業へと完全に転換し、利益の上限を撤廃する動きは、投資家にとって大きなメリットをもたらすと考えられる。従来の「capped-profit」構造に縛られていた投資家の利益が最大化される可能性が高まり、これによりOpenAIはさらなる資金を集めやすくなった。

　一方で、こうした構造の転換は同社がこれまで掲げてきた「公益を優先する」という理念との整合性に疑問を投げかける。特に、AGI（汎用人工知能）の開発が進むにつれて、利益追求とAIの安全性や倫理性のバランスをどのように保つかが、今後の大きな課題となるだろう。

アンソロピックの企業構造

　OpenAIの最大の競合であるアンソロピックは2021年、OpenAIの元幹部たちによって設立された。OpenAIの経験を踏まえ、アンソロピックは初めからAIの安全性と営利活動の両立を目指す「パブリック・ベネフィット・コーポレーション（PBC）」として設立された。

　PBCでは、株主の利益だけでなく、社会的利益も追求する法的義務が課されるという点で営利と非営利の中間に位置する企業形態である。これにより、OpenAIが直面したような非営利理念と営利活動の衝突を回避しようとしている。

　また、アンソロピックは「Long Term Benefit Trust（LTBT）」という独立機関を設置し、取締役会の過半数の選出権を与えている。

12　　第1章　ビジネス編

LTBTのメンバーは、AIの安全性、国家安全保障、社会的企業の専門家で構成されており、会社の株式を保有しない。これにより、長期的な視点からAIの安全性と社会的利益を考慮した意思決定を担保しようとしている。

　OpenAIとアンソロピックの企業構造の主な相違点をまとめると以下の通りになる。

（1）企業構造：OpenAIが非営利組織から「キャップ（利益上限）付き営利」構造を経て完全な営利企業化を検討しているのに対し、アンソロピックは初めからPBC構造を採用している。
（2）意思決定機構：OpenAIでは非営利の取締役会が最終的な意思決定権を持っていたが、アンソロピックではより伝統的な取締役会構造を採用しつつ、LTBTを通じて長期的視点を確保している。
（3）投資家の位置づけ：OpenAIでは投資家の利益に上限が設けられていたが、アンソロピックではPBC構造の中で投資家の利益と社会的利益のバランスを取ろうとしている。

　アンソロピックのPBC構造とLTBTの採用は、法的拘束力を持つ形で社会的責任を果たそうとする試みだ。一方、OpenAIは非営利団体が営利企業を統括する形から脱却し、投資家にとってより利益を追求しやすい構造へと変わろうとしている。この違いは、AI開発における意思決定のスピードやリスク管理の方法に影響を与えるだろう。

　両社のアプローチの違いが、今後、AIの安全性や公益性に対する取り組みにどのような影響を与えるかは興味深い課題となる。

■ 結 論

　OpenAIの企業構造の転換は、AI業界全体にとっても注目すべき動きであり、その影響は大きい。投資家にとって魅力的な構造への転換は、さらなる資金調達を可能にし、同社の成長を促進するだろう。

　一方で、このような企業構造の変更が、「全人類に利益をもたらす」という使命をどのように保持するのかという疑問も生じる。営利追求が優先されるあまり、AI技術の安全性や倫理的な責任が軽視されるリスクもあるため、OpenAIは投資家の利益と社会的使命のバランスをどのように取るかが今後の鍵となる。

1.2

生成AI企業のビジネスモデルは
持続可能か

生成AI企業の台頭とともに、テキスト生成や画像生成の技術は目覚ましい進歩を遂げている。しかし、その運営にかかるコストや厳しい競争環境から、これらの企業が構築するビジネスモデルが長期的に持続可能か疑問視されつつある。

OpenAIの財務状況：急成長の陰に巨額損失

　OpenAIはChatGPTの爆発的な普及により、史上最速のペースで成長を遂げている企業の一つだ。米国の複数のメディアによる報道を総合すると、OpenAIの2024年の年間収益は37億ドルに達する見込みで2023年の16億ドルから約230％も増加する。しかし、この急成長の陰で、OpenAIは莫大な運用コストに直面している。2024年の年間運営費用は推定87億ドルに達するとされ、内訳は以下の通りである（図表1-2）。

（1）推論コスト：約42億ドル（マイクロソフトのクラウドから提供

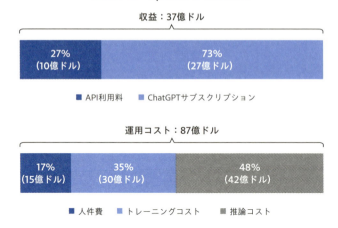

図表1-2　OpenAIの収支構造

される計算資源に対する支出）
（２）トレーニングコスト：約30億ドル（モデルのトレーニングとデータに関する費用）
（３）人件費：約15億ドル（推定1500人の従業員に対する報酬）

　年間収益が37億ドルに対して、運営費用が87億ドルとなると、2024年の損失額は約50億ドル（約7500億円）に達することになる。

　OpenAIは収益源としてChatGPTの有償版「ChatGPT Plus」や企業向けの「ChatGPTエンタープライズ」などのChatGPTのサブスクリプションサービスと呼び出し数に応じたAPIの利用料による収入を挙げており、これらが急成長しているにもかかわらず、運営費用の増大を補えない状況となっている。
　OpenAIの成長は提携関係にあるマイクロソフトやアップル、エヌビディアなどからの外部資金に大きく依存しており、技術的

リーダーシップを維持するためには巨額の投資が必要とされている。長期的には、技術革新によるコスト削減が不可欠であり、現行のビジネスモデルのままで持続可能かは疑問視される。

CEOのサム・アルトマン氏は、「OpenAIはシリコンバレー史上最も資本集約的なスタートアップである」と述べており、今後も大規模な資金調達が不可欠であることを示唆している。

Stability AIの苦境

一方、Stability AIは、「Stable Diffusion」などの画像生成AIモデルで知られ、オープンソースAIの旗手として注目されてきた。しかし、Stability AIは、2023年の予想収益が1100万ドルに対し、コストは1億5300万ドルに達するとされ、厳しいキャッシュフローの問題を抱えている。主な収益源は以下の3つである。

（1）「DreamStudio」の利用料：ユーザーがStable Diffusionの画像生成機能をAPI経由で利用できるオンラインプラットフォーム
（2）AIに関するコンサルティングサービス
（3）企業向けのカスタマイズサービス

一方、支出のうち、大きな割合を占めるのは、AWS、Google Cloudなどのクラウドサービスの利用料で、年間9900万ドルに上る。このクラウドサービスプロバイダへの支払いの遅延が頻発しているとされ、同社の資金繰りの厳しさを物語っている（その他のコストは人件費等で5400万ドル）。さらにはメディアライブラリ企業であるゲッティから著作権侵害で訴えられるなど訴訟リスクも

抱えている。

　Stability AIは苦境から脱出するため、サムスン、Snap、Canvaなどの企業や、シンガポール政府との提携を模索したが、条件面で合意に至らなかった。また、エヌビディアやグーグルなどからの資金調達も目論んだが、不調に終わっている。深刻な経営危機に直面した同社は、創業者でCEOを務めていたエマド・モスタケ氏が2024年3月に退任し、一部では買収を模索していると報じられた。

　しかし、2024年6月、一転してSound Ventures、Lightspeed Venture Partnersなど複数の投資家からの資金調達に成功したことを発表した。そして、映画製作と視覚効果のトップ企業であるWeta Digitalの前CEOであるプレム・アカラジュ氏が新たにCEOに就任することも合わせて発表し、当面の危機は脱したようだ。

　Stability AIはオープンソースAIの旗手として注目を集めてきたが、オープンソースであるがゆえに収益化の難しさが際立っている。一般的にオープンソースモデルは、技術の普及と発展に大きく貢献する一方で、直接的な収益化が難しい。Stability AIは、企業向けのカスタマイズサービスや、高度な機能を備えた有料版の提供などを通じて収益化を図っているが、現状ではコストを賄うには至っていない。

　OpenAIとStability AIの2社の収益状況から見えてくるのは、AIモデルの推論、及びトレーニングコストが莫大であり、現状ではAIモデルの利用料収入だけではカバーしきれていないということだ。オープンソースをメインに展開するStability AIの場合は、多くの利用料収入は見込めず、さらに事態は悪化する。

現在のビジネスモデルは持続可能か

　生成AI企業、特にスタートアップの現在のビジネスモデルは、外部資金に強く依存している。そのため、資金調達が停止すれば短期的には経営が厳しくなる可能性がある。一方で、将来の収益予測が楽観的である限り、投資家は引き続き資金を提供する。実際、OpenAIは、2024年10月にマイクロソフト、エヌビディア、ソフトバンクなどが参加し、1570億ドル（約23兆円）の企業評価額で66億ドル（約9670億円）の資金調達を完了したと報じられている。

　OpenAIの収益は2025年に2024年の3倍以上の116億ドルに達し、2029年には1000億ドルに到達すると予想されており、今後も急成長が続く見込みである。巨額の資金調達に成功したのは、この楽観的な収益予測の裏付けがあったからである。

　ただし、こうした大規模な資金調達に成功するスタートアップは決して多くはない。推論やトレーニングにかかるコストを削減し、収支構造を抜本的に変えられなければ、数年後まで生き残っている企業は一部に限られるだろう。

収支構造の見直しポイント

　現在の生成AI企業は、運用コストが高く、収益がそれに見合わないという問題に直面している。このため、持続可能なビジネスモデルを実現するためには、収益を増加させつつ、運用コストを下げる努力が必要になる。

　すでにOpenAIはモデル機能の向上を根拠に、有料版の

ChatGPTの料金を現在の月額20ドルから2024年末までに22ドルに値上げし、その後5年間で44ドルにまで引き上げることを示唆している。これに加えて、新たな収益モデルの導入も検討する必要がある。企業向けAIソリューションの強化、あるいは広告モデルの導入などである。すでにOpenAIはAI検索サービス「SearchGPT」で広告モデルの導入を検討しているとされており、多様な収益モデルを持つことで、収益の安定性の向上が期待される（詳細は「2.8　AI検索で何が変わるのか」参照）。

　一方で、AIモデルの推論やトレーニングコストの削減に寄与する技術革新が不可欠である。たとえば、より効率的なハードウェアの開発や、トレーニングデータの効率化、推論プロセスの最適化などである。これらが実現すれば、収益とコストのバランスが取れ、事業の持続可能性が向上するはずだ。

▌結論

　OpenAIやStability AIが直面している財務的な課題は、生成AI企業全体のビジネスモデルの持続可能性に対する大きな警鐘である。特に、生成AIの運用コストが非常に高く、収益がこれに見合わない場合、そのビジネスは長期的に持続不可能となる可能性が高い。

　現状では外部資金に大きく依存しているが、外部資金に依存し続けることは、不確実性を伴い、投資家からの圧力も受けやすい。このため、将来的には自己資本を拡大し、外部資金に依存しない経営体制を整えることが今後の重要な課題となるだろう。

1.3

AI企業とメディア企業の綱引きのゆくえ

AI技術の急速な進化は、多くの分野に革新をもたらしている。その一方で、AI企業とメディア企業の間でデータの利用を巡る緊張が高まっている。メディア企業は、AIモデルの開発において自社のコンテンツが無断で利用されることに対して強い警戒心を抱いており、AI企業はモデルの精度向上のために大量かつ高品質なデータを求めている。この対立は、著作権侵害を巡る法的な争いだけでなく、情報アクセスやデータ利用のルール作りにおいても、メディア企業とAI企業双方にとって今後のメディア業界全体の存続に関わる重要な局面を迎えている。

データアクセスを巡る攻防

2023年末、ニューヨーク・タイムズ紙がOpenAIとマイクロソフトを著作権侵害で提訴したことを皮切りに、メディア企業とAI企業の間で訴訟が相次いでいる。たとえば、2024年4月には、ニューヨーク州の「ニューヨーク・デイリーニュース」、イリノイ州の

「シカゴ・トリビューン」など全米の地方新聞8紙が共同で、同じくOpenAIとマイクロソフトを著作権侵害で提訴している。これらの動きは、AI企業がAIモデルの訓練データとして無断でメディアコンテンツを利用することに対するメディア側の警戒感を如実に示している。

　AIが急速に進化し、ますます多くの企業が大規模言語モデル（LLM）の開発に取り組む中で、こうしたモデルを訓練するために必要なデータの量と質が問題となっている。AI企業は、あらゆる種類のデジタルデータを活用して、モデルの性能を向上させようとしているが、その中にはニュース記事やその他の著作権で保護されたコンテンツも含まれている。これがメディア企業との間での法的問題を引き起こしているのである。

コンテンツブロッキングの影響

　ウェブサイトの運営者は、自社のコンテンツをAI企業に無断でAIモデルのトレーニングに使用されることを防ぐためにウェブクローラー[1]をブロックし始めている。Originality.aiの調査によると、2024年10月の時点で、世界のトップ1000のウェブサイトのうち約27%がOpenAIのクローラー「GPTBot」をブロックし、約12%がアンソロピックのクローラー「ClaudeBot」をブロックしている。

　GPTBotとは、OpenAIが運用するウェブクローラーで、AIモデルのトレーニングデータセットを構築するためにインターネット

---

1. ウェブクローラーとは、インターネット上のウェブサイトを自動的に巡回し、データを収集するプログラムのこと

上に公開されているデータを自動的に探索し、テキストデータを収集するために使用される。同様に、ClaudeBot はアンソロピックが運用するウェブクローラーである。

ウェブサイトによるブロッキングの広がりは、AI企業にとって深刻な課題となりつつある。AIモデルをトレーニングするためには多様で高品質なデータが必要であり、データへのアクセスが制限されることでモデルの性能が低下するリスクがある。反対に、メディア企業は自社のコンテンツの保護手段として、技術的な防御を強化しており、AI企業とメディア企業のせめぎ合いが続いている。

メディア企業との合意形成を模索

OpenAI は訴訟を抱える一方で、2024年4月に英国の経済誌「Financial Times」と、同社のビジネスニュースアーカイブを利用するために契約を結んだ。法的リスクを回避し、合法的にデータを取得しようとする戦略の一環である。この契約により、OpenAI は Financial Times の有料記事を含むアーカイブにアクセスし、そのデータを利用してモデルをトレーニングすることが可能となった。つまり、競合他社が入手困難な質の高いデータを獲得し、AIモデルの性能向上に活用できることになる。OpenAI は、フランス、スペイン、ドイツなどの複数のメディア企業とも同様の契約を締結している。

これらの契約は、AI企業にとってはAIモデルの精度向上に貢献する一方で、メディア企業にとっては新たな収益源の確保につながる。金銭条件の詳細は明らかにされていないものの、ドイツの

Axel Springerは自社メディアのコンテンツにOpenAIがアクセスできるようにすることで、年間数千万ユーロの収益を得ると見込んでいる。この契約には、出版社のアーカイブコンテンツに対する一回限りの支払いと、OpenAIが最新の情報にアクセスできるようにするための年間ライセンス契約に基づく高額の料金が含まれている模様だ。

　また、OpenAIは2024年5月に米国で人気の掲示板サイトであるRedditとの提携も発表している。Reddit上に蓄積されているデータはメディア企業のコンテンツとはまた別の観点で貴重なデータである。それは人間同士の会話のデータだからであり、ChatGPTのような会話型AIにとっては理想的なトレーニングデータになる。

　従来はAI企業が無断かつ無償でトレーニングに利用してきたが、2023年6月からRedditはAIモデルのトレーニングに使う「データAPI」アクセスを有償化しており、無断で利用することはできなくなった。OpenAIはこの提携によって、Redditに費用を支払うことでRedditのデータを再び利用できるようになった。実はOpenAIに先駆けて、グーグルが2023年2月にRedditと同様の提携を発表しており、RedditにとってはAI企業との提携は2社目になる。

AI検索戦争とデータ争奪戦

　生成AIを巡るテクノロジー企業間の競争は、AI検索エンジンの登場により新たな局面を迎えている。グーグルやマイクロソフト、OpenAIなどの生成AIの主要プレイヤーに加えて、Perplexity AIや

「Genspark」を開発するMainFuncなどの新興プレイヤーが台頭し、競争は激化している。たとえば、OpenAIが発表した「SearchGPT」は、リアルタイムのインターネットアクセスを活用して迅速かつ要約された回答を提供することを目的としている。

AI検索エンジンの性能向上には、常に最新かつ正確な情報が不可欠である。また、競合他社との競争を勝ち抜くためには、他社が持たない高品質なデータを確保することも重要である。そのため、AI企業はメディア企業との提携を急いでいる。

たとえば、Perplexity AIが2024年7月に発表した出版社との新しい収益分配プログラムは、この動きを加速させる可能性がある。このプログラムでは、Perplexityが出版社のコンテンツを引用した際、広告収入の一部を出版社に分配するもので、具体的な分配率は明かされていないが、「二桁のパーセンテージ」とされている。このプログラムは、AIによる無断引用や非倫理的なウェブスクレイピングという批判に対応し、出版業界との信頼関係を築くことを目的としており、コンテンツの合法的な使用を促進するものといえる。

また、前述したRedditは2024年7月から提携関係にあるグーグル以外の検索エンジンをブロックしており、マイクロソフトのBingなど他の検索エンジンはRedditのデータにアクセスできないようになった（OpenAIについては明らかになっていない）。

これは、コンテンツ提供者側の交渉力が高まっていることを示すと同時に、AI企業間の競争が技術面だけでなく、有用なコンテンツを保有するメディア企業とのパートナーシップ確保にも及んでいることを示唆している。

1.3　AI企業とメディア企業の綱引きのゆくえ　**25**

「機械学習パラダイス」の日本

　ここまで説明してきたのは主に米国の動向であるが、AIモデルのトレーニングに必要なデータ利用に関する法的枠組みについては、日米で状況が異なる。米国では、データの利用に関する法的枠組みはいまだ確立されておらず、AI企業がスクレイピングやデータ収集を行う際の著作権侵害リスクは依然として存在する。そのため、OpenAIやグーグルが進めているパートナーシップは、こうしたリスクを回避しつつ、高品質なデータを合法的に確保するための取り組みとして重要である。

　一方、日本では2019年に改正された著作権法第30条の4によって、商業用途であっても、データの複製や加工が「情報解析」の目的であれば、著作権者の許可を得る必要がないとされている。ここでの「情報解析」とは、著作物の表現そのものを目的とせず、著作物を利用して情報を取得することや、その結果を用いて新たなデータを生成することを指す。このため、機械学習のためにデータを収集し、モデルをトレーニングする行為はこの範囲に含まれると解釈されているのである。つまり、日本の著作権法では機械学習のためであれば、他人の著作物を無許諾で自由に利用できるようになっている。

　これに対して一部の著作権者やコンテンツホルダーは、自らのコンテンツが無断で利用されることへの懸念を表明している。特に、商業的利益を伴う利用の場合、コンテンツホルダーは自らの著作物が利益を生まないまま利用されることに対して、不公平感を覚えることも多い。

26　第1章　ビジネス編

日本政府や文化庁は、著作権法を定期的に見直しており、こうした不満の声を背景に、あるいは諸外国の動向を参考にして、今後、法改正やガイドラインの見直しが検討される可能性がある。その際には、コンテンツホルダーの権利を保護しつつ、イノベーションを促進するために、契約やライセンス制度の整備が提案されることも予想される。

結 論

　AIとメディアが持続可能な共存を実現するためには、透明性のあるデータ使用、適切な収益分配モデル、そしてデータプライバシーと著作権の保護に向けた取り組みが不可欠である。このような取り組みを通じて、双方の利益を調整しながら、AI技術の発展とメディアの持続可能性を両立させることが求められている。

1.4

VCがGPUを買い集める理由とは

生成AIの急速な発展に伴い、その基盤となるGPU（Graphics Processing Unit）の需要が急激に高まっている。特に、大規模言語モデル（LLM）の学習や推論に不可欠な高性能GPUの争奪戦が激化している。この状況下で、海外の有力なベンチャーキャピタル（VC）がGPUを大量に購入し、ポートフォリオ企業に提供するという新たな動きが注目を集めている。

高性能GPUの供給不足とその背景

エヌビディアの最新GPUであるH100は、AI技術開発において必須のツールとなっている。特に、AIモデルのトレーニングにおいて、H100は前世代のA100に比べて約2.3倍のトレーニング速度、推論速度では3.5倍の性能向上を実現している。そのため、多くのAIスタートアップや大企業がこのGPUを求めているが、需要が供給を大きく上回っている状況である。

この供給不足の背景には、製造プロセスの制約がある。エヌビ

ディアのチップを製造するTSMC（Taiwan Semiconductor Manufacturing）の高性能チップパッケージング技術の生産能力には限りがあり、2024年末までに生産能力を倍増させる計画だが、それまでは需要を満たすことが困難な状況となっている。

高騰するGPU価格がスタートアップに与える影響

　供給不足を受けて、GPU価格は高騰している。2022年の発売当初のH100の市場価格は1台あたり3万3000ドルであった。しかし、2023年4月には中古市場で4万ドルから5万1000ドルという高価格帯で取引されていると話題になった。これは、需要が供給をはるかに上回ることに起因するものである。

　こうしたGPUの供給不足は、特にAIスタートアップに深刻な影響を与えている。GPUを大量に購入するためには、一度に複数年分を予約し、前払いで大量購入する必要があるとされる。数千万ドルの資金しか調達していないスタートアップにとって、それは難しい。このため、大手クラウドプロバイダや大手のAI企業が大量のGPUを先行確保する中、資金力の乏しいスタートアップは必要な計算リソースを確保できず、開発のボトルネックとなっている。

GPUの備蓄に奔走するVC

　VCはこうした状況を踏まえ、出資先のスタートアップが技術開発に専念できるよう、低コスト、または無料でGPUを提供することで、競争優位の確保を目指している。また、価格変動を踏まえ、

早期にGPUを確保することで、将来的な価値の上昇や市場の変動に対するリスクを回避しようという狙いもある。以下にVCの具体的な取り組みをいくつか紹介する。

①アンドリーセン・ホロウィッツ

シリコンバレーの代表的なVCであるアンドリーセン・ホロウィッツは、エヌビディアのH100を含む高性能GPUを2万台以上確保している。これは競争力のあるLLMを訓練するのに十分な規模であり、これを投資先のAIスタートアップに市場価格よりも安く、場合によってはスタートアップの株式と引き換えに提供するという独自の戦略を展開している。

この背景には、スタートアップが必要とする計算リソースを迅速に確保し、AIモデルの開発やトレーニングを加速させる狙いがある。同社の投資先の一つであるLuma AIは、このプログラムを利用して約3000台のGPUクラスターを使用して新しいAIモデルをトレーニングし、わずか数カ月で製品を市場に投入できたという。

これは、VCが物理的なリソース提供を通じて、スタートアップの成長をサポートする新しい形の投資モデルの一例といえる。実際、Luma AIのCEOはアンドリーセン・ホロウィッツがGPUを提供していたため、より有利な条件を提示していた他の投資家を断ったと説明している。

②インデックスベンチャーズ

テクノロジー企業への投資を得意とするVCであるインデックスベンチャーズも、GPUをクラウドサービスとして提供している

オラクルとの提携を通じ、スタートアップにGPUを提供するプログラムを展開している。

このプログラムでは、インデックスベンチャーズがスタートアップ企業に代わってオラクルと事前に契約を締結し、クラウド料金を支払う。オラクルはAIモデルのトレーニングやチューニングに必要なGPUリソースを管理・提供し、スタートアップはそのGPUを無料で利用できる。インデックスベンチャーズは、このプログラムを通じて、スタートアップが早期に製品を開発し、市場に投入できるよう支援しており、将来的には自社でGPUリソースを管理できるように成長を促すことを目指している。

③その他のVC

マイクロソフトのベンチャーファンドであるM12や、スタートアップアクセラレーターのY Combinatorも、投資先のスタートアップに対して、マイクロソフトのAzureクラウドサービスを通じてGPUを無償で提供し、プロトタイプの開発をサポートしている。

また、元GitHubのCEOから投資家に転身したナット・フリードマン氏とダニエル・グロス氏は、「Andromeda Cluster（アンドロメダ・クラスター）」と呼ばれる4000台以上のGPUを有するスーパーコンピュータ群を立ち上げ、出資先の企業に市場価格以下で提供している。

VCの新たな役割と課題

GPUの提供は、VCの従来の役割を超えた取り組みであり、単なる資金提供にとどまらず、技術インフラの提供者としての側面を

持つようになったといえる。しかし、この新たな役割には以下のような課題も存在する。

（1）運用コストと専門性：GPUクラスターの運用には、多額の初期投資に加え、継続的な保守管理が必要となる。アンドロメダ・クラスターのケースでは、9桁の初期コストに加え、エンジニアチームの雇用やデータセンターの監視など、相当な運用コストが発生している。

（2）スケーラビリティの問題：スタートアップの成長に伴い、必要なGPU数は急激に増加する。現状のVCによるGPU提供は、主にシード期やシリーズA段階の企業向けであり、より大規模なリソースが必要になった際には、直接クラウドプロバイダと交渉する必要がある。

（3）投資判断への影響：GPUの提供がVCの投資判断に与える影響も考慮する必要がある。技術インフラの提供者としての立場が客観的な投資判断を難しくする可能性がある。

今後の見通し

①継続的なGPUの需給逼迫の可能性

　エヌビディアはH100の後継としてB100やB200といったGPUを発表しており、市場に投入されれば、一時的に需給バランスが改善する可能性はある。しかし、AIブームが続く限り、最新GPUへの需要は常に供給を上回る状況が続くと予想される。新型GPUの登場は、より大規模で複雑なAIモデルの開発を可能にし、新た

な応用分野を開拓することで、さらなる需要を喚起する可能性が高い。

　また、大手テック企業やAIスタートアップ間の競争激化により、最新・最高性能のGPUを確保することが競争優位性につながるため、新型GPUが発売されるたびに争奪戦が繰り返される可能性がある。さらに、AIの応用分野の拡大に伴う新規参入企業の増加も、全体的な需要を押し上げる要因となるだろう。

②代替技術と効率化の重要性

　このような状況下では、「2.5　エヌビディア対抗のAIチップは現れるか」で取り上げる、GPUに代わる新たなAI特化型チップの開発が加速する可能性がある。同時に、限られたGPUリソースでより効率的にAIモデルを学習・推論する技術の重要性が増すと考えられる。モデル圧縮や知識蒸留などの技術への投資が活発化し、これらの技術を有するスタートアップへの注目度も高まるだろう。

③リソース共有モデルの発展

　VCによるGPU提供の取り組みは、より広範なリソース共有モデルへと発展する可能性がある。企業間でのGPUリソースの共有や、分散コンピューティングの活用がより一般的になると予想される。これにより、個々の企業やスタートアップが単独で大規模なGPUクラスターを保有する必要性が低下し、より効率的なリソース利用が可能になるかもしれない。

結 論

　VCがGPUを大量に購入する動きは、AIブームによる急激な需

1.4　VCがGPUを買い集める理由とは　**33**

要増加と供給不足という特殊な状況下で生まれた現象であるが、自身の競争力を強化するための重要な戦略となっている。

　また、VCは資金提供だけではなく、GPUというAIスタートアップに必要なリソースを提供し、技術開発の加速を促す役割を果たすというようにVCの役割が進化している点は注目に値する。今後はGPUを提供するだけでなく、効率的なリソース利用技術や代替技術の開発を支援する役割も担うようになる可能性がある。

1.5

LLMの価格低下は本物か

大規模言語モデル（LLM）には、その驚異的な性能向上と並行して、もう一つの重要な変化が起きている。それは、LLMの利用料金の急速な低下である。この現象は一時的なものなのだろうか、それとも今後も持続可能なのだろうか。

主要プロバイダの価格引き下げ競争

　LLM市場の主要プレイヤーであるOpenAI、グーグル、アンソロピックなどが、相次いで大幅な価格引き下げを発表している。たとえば、OpenAIは2024年9月3日に「GPT-4o」のアップデートを発表したが、API利用料金は入力トークンで2.5ドル、出力トークンが10ドルとなっており、これは2024年5月13日にリリースされた最初のバージョンの料金から入力トークンで50%、出力トークンで33%も引き下げたことになる。グーグルも負けじと、2024年9月25日に「Gemini 1.5 Pro」のAPI利用料金を入力で約64%、出力で約76%も引き下げることを発表し、業界を驚かせた。

性能向上と価格低下の同時進行

　注目すべきは、この価格低下が同じモデル間だけではなく、以前のモデルから性能向上しているにもかかわらず、価格が引き下げられている点だ。たとえばGPT-4oの現在の料金は2.50ドル（入力）/10ドル（出力）（100万トークンあたり）であるが、これは前のモデル「GPT-4 Turbo」の現在の料金、10ドル（入力）/30ドル（出力）に比べて、入力で75％、出力で約67％も安く提供されている。

　一方、性能に関しては、さまざまなAIモデルの有効性をテストし、比較できるサイト「Chatbot Arena」のランキング「Chatbot Arena Leaderboard」によると、GPT-4 Turboのベンチマークスコ

図表1-3　**大規模言語モデルの料金推移**

モデル名	発表 or リリース日	Arenaスコア	100万トークンあたりの料金
GPT-4 Turbo	2024年4月9日	1256（16位）	$10.0（入力） $30.00（出力）
GPT-4o-2024-05-13	2024年5月13日	1285（7位）	$5.00（入力） $15.00（出力）
GPT-4o-2024-09-03	2024年9月3日	1338（1位）	$2.50（入力） $10.00（出力）
Gemini 1.5 Flash-001	2024年5月30日	1227（28位）	$0.35（入力） $1.05（出力）
Gemini 1.5 Flash-002	2024年8月12日	1265（8位）	$0.075（入力） $0.3（出力）
Gemini 1.5 Pro-001	2024年5月30日	1259（13位）	$3.50（入力） $10.50（出力）
Gemini 1.5 Pro-002	2024年9月25日	1304（3位）	$1.25（入力） $2.50（出力）

出所）野村総合研究所（Arenaスコア、及び料金は2024年10月13日時点）

ア（Elo レーティング）は1256で16位、最新版のGPT-4oは1338で1位である（図表1-3）。つまり、価格低下と性能向上が同時進行しており、コストパフォーマンスが大きく向上していることを意味する。

LLM価格低下の背景

①競争激化による価格圧力

　LLMを巡っては、OpenAI、グーグル、アンソロピック、メタなど、AIのトップ企業が熾烈な開発競争を繰り広げている。中でも、OpenAIとグーグルの競争は激しさを増している。OpenAIはマイクロソフトの支援を受けており、マイクロソフトのクラウドサービス経由でLLMを提供している。グーグルも自社のLLMを自社のクラウドサービス経由で提供していることから、LLMの競争はそのままクラウドの競争につながる。そのため、マイクロソフトとしても、OpenAIをさまざまな形でバックアップし、グーグルとの競争に打ち勝つ体制を整えている。

　価格低下の背景には、オープンソースモデルの台頭や新興企業の参入もある。たとえば、メタやMistralのLLMは、オープンソースとして提供されており、多くの開発者が自由に利用できる。これにより、企業が独自にLLMを開発したり、トレーニングしたりするコストが削減され、価格競争が一層激化している。こうした選択肢の増加がLLMの価格低下の一因であることは間違いない。

②技術的進歩による効率化

　もう一つの価格低下の大きな要因は、技術的な進歩と運用効率の向上である。LLMのトレーニングや運用には膨大な計算資源が必要になるが、モデルアーキテクチャの改善、学習手法の効率化、専用チップの開発、分散処理技術の進化などにより、効率的なトレーニングと運用が可能になり、モデルの開発・運用コストの低減に貢献している。

　特に、エヌビディアやAMDが提供するAI専用のGPUは、トレーニングや推論の速度を大幅に向上させるだけでなく、電力効率も高めている。このようなハードウェアの進化は、データセンター全体の運用コストを抑える一因となっており、それがLLMの料金にも反映されている。

クラウド業界の価格競争—LLM市場との類似点

　LLMの価格動向は、クラウド市場の発展過程において発生した価格低下を思い出させる。

　2006年のAmazon Web Services（AWS）によるクラウドサービスの開始以降、AWS、マイクロソフト、グーグルなどの大手クラウドプロバイダは、顧客獲得競争の激化を背景に、頻繁に価格を引き下げると同時に、サービスの充実と品質の向上を図ってきた。

　たとえば、AWSは2006年のサービス開始から2014年までの間にIaaSサービスであるAmazon EC2の価格を42回引き下げたとされ、これは年間で平均7%以上の価格低下を意味する。これに対して、競合のグーグル（Google Cloud Platform：GCP）やマイクロソ

38　第1章　ビジネス編

フト（Microsoft Azure）も、ライバルに歩調を合わせてサービスの利用料金の引き下げを継続的に行ってきた。以下に一例を挙げる。

（1）コンピューティングリソースの価格低下：2010年から2020年にかけて、AWSのEC2インスタンス価格は約70%低下した。同様に、AzureやGCPの仮想マシンも、この期間中に競い合うように類似の価格引き下げを実施した。

（2）ストレージの価格低下：2009年から2019年の間に、クラウドストレージの価格は90%以上低下している。たとえば、GCPの永続ディスクは、2009年の1GBあたり0.15ドルから2019年には0.02ドル以下にまで下がった。

（3）データ転送価格の低下：2006年から2016年にかけて、クラウドプロバイダによるデータ転送料金も大幅に引き下げられた。たとえばAWSのデータ転送料金は90%以上低下している。

　さらに注目すべきは、これらの価格低下が単年度で見ても継続的に起こっていることだ。主要クラウドプロバイダは、年平均で5 〜 15%の価格低下を実現してきた。熾烈な価格競争は、クラウドサービスの普及を加速させ、結果として企業のITインフラコストを大幅に削減することに寄与した。

　これらのデータは、クラウド業界における価格低下が単なる一時的な現象ではなく、持続的な競争の結果であることを示している。

今後の展望

　クラウド業界の経験から学べるのは、規模の経済と継続的な技術革新の重要性である。大規模な投資と技術革新による効率化によってコストを下げ、それを価格に反映させることで市場シェアを拡大する。この好循環が、持続的な価格低下と品質向上を可能にしたといえる。

　クラウド業界と同様にLLMの価格低下が今後も続くかどうかは、いくつかの要因によって左右される。技術の進化が続く限り、一定の価格低下が見込まれるが、技術的なブレークスルーが減速する可能性もある。また、各社の戦略によっては、価格が再び上昇することも考えられる。たとえば、市場の寡占化が進めば、価格競争が緩和される可能性がある。

　一方で、LLMの市場規模が拡大して利用者が増え続ける限り、競争は激化し、価格低下の圧力は持続する可能性が高い。また、新興企業やオープンソースのモデルが今後も続々と市場に参入することで、さらに競争が促進される可能性もある。

　また、政府や規制当局の介入も価格動向に影響を与える可能性がある。たとえば、データプライバシーやAIの倫理的使用に関する規制が強化されれば、これに対応するためのコストが企業に転嫁され、価格上昇の要因となるかもしれない。

　とはいえ、現在の状況を見る限り、LLM市場においても中長期的な価格低下トレンドが続く可能性が高い。ただし、その速度や程度は、技術革新のペースや市場の成熟度に左右されるだろう。

価格低下の影響

①利用者への恩恵

　LLMの価格低下は、利用者に大きな恩恵をもたらす。これまで高額で利用が限られていたLLMが、より多くの企業や開発者にとって手の届くものとなる。特に、スタートアップや中小企業にとっては、先進的なAI技術を活用する絶好の機会となる。これにより、AIを活用した新たなビジネスモデルやサービスが次々と生まれることが期待される。

②競争の激化による市場の変動

　価格競争が激化する一方で、市場には新たな課題も浮上している。まず、低価格競争により、特定の企業が価格設定の余地を失い、収益性が低下するリスクである。また、価格低下に伴い、企業がどこまでコストを削減しつつ、高品質なサービスを提供できるかが問われるようになる。これにより、技術的な限界や運営上の問題が顕在化する可能性がある。

　たとえば、LLMの提供企業が利益を確保するために、機能の削減やサポートの質を低下させることが懸念される。あるいは、低価格競争が進むことで、新規参入者が市場に足を踏み入れることが難しくなる可能性もある。このような状況が続けば、市場のイノベーションが停滞し、最終的には利用者が不利益を被ることになりかねない。

1.5　LLMの価格低下は本物か　**41**

③新たな競争軸—性能とコストのバランス

今後のLLM市場では、単なる価格競争ではなく、性能とコストのバランスが重要な競争軸となるだろう。LLMの利用者すべてが必ずしも最高の性能を求めているわけではなく、用途によってはコストパフォーマンスを重視する場合も多い。

たとえば、特定の業界やニッチな用途に特化したLLMを考えた場合、必ずしもあらゆるタスクにおいて最高性能である必要はなく、特定のタスクに必要十分な性能を発揮できるリーズナブルなLLMが選択されるだろう。また、学術研究や非営利団体が、オープンソースなどの低コストのモデルを用いて、新たな研究や社会貢献活動を推進する動きも見られる。

そのため、各社は多様な顧客ニーズに応えるべく、複数のモデルをラインナップし、それぞれの価格と性能のバランスを調整していく必要がある。

結 論

LLMの価格低下トレンドは、一過性のものではなく、市場の成熟化と技術革新に裏打ちされた本質的な変化だと考えられる。開発者やビジネス利用者にとっては、この変化を的確に捉え、戦略的にLLMを活用していくことが求められる。クラウド業界の例が示すように、継続的な価格低下と性能向上の好循環は、市場全体の拡大と新たな応用分野の開拓をもたらす。それは同時に、AIの社会実装を加速させ、私たちの生活や仕事のあり方を大きく変えることになるだろう。

1.6

AI PCは普及するか

AI PCとは、AI処理を高速かつ効率的に行うための専用ハードウェアを搭載したパーソナルコンピュータを指し、マイクロソフトが提唱する「Copilot+ PC」がその代表だ。Copilot+ PCは、Neural Processing Unit（NPU）と呼ばれるAI処理専用のアクセラレーターを搭載し、従来のPCでは難しかったAI機能を強力にサポートするほか、デバイス上でAIモデルを実行できるため、クラウドを経由せずにAI機能を活用できるという特徴がある。

Copilot+ PCの特徴

Copilot+ PCは、単なる高性能なPCにとどまらず、ユーザーの作業をAIによって支援する機能が数多く搭載されている。その代表的なものとして、Paintアプリに搭載された画像生成AI「Cocreator」がある。ユーザーがラフ画を描き、プロンプトで詳細を指定すると、AIが画像を生成する。また、Photoアプリに搭載された「イメージクリエイター」は、インターネット上のサービスとは異なり、回数制限なく利用可能な画像生成機能である。

「リコール」機能も注目されている。これは過去に表示した画面やデータをAIが記憶し、後から簡単に検索・参照できるものである。たとえば、ある店の情報を何かで見た記憶があるが、ブラウザの履歴を検索しても見つけられないような場合、リコールで検索すれば過去に見た画面から情報を探し出せる。

これらの機能により、ユーザーはクリエイティブな作業や情報検索を効率的に行えるようになり、日常作業における利便性が大幅に向上する。特にリコール機能は、情報管理の新たな可能性を切り開く革新的なツールとして注目を集めている。

Copilot+ PCのメリット

従来、AI機能はクラウドを介して提供されることが一般的であったが、Copilot+ PCはデバイス内でAI処理が完結するため、オフライン環境でも高度なAI機能を利用できる点が大きなメリットである。この点は同時にデータのプライバシー保護にも寄与する。

また、NPUは従来のプロセッサに比べて消費電力が少なく、AI機能の連続利用が可能であることから、特にクリエイティブな作業やビジネス用途において、長時間の作業にも耐えられる設計となっている。このように、Copilot+ PCでは、デバイスのパフォーマンスとバッテリー効率を高めつつ、AIの高度な機能を利用できるようになっている。

現時点の製品動向

Copilot+ PCに対応したAI PCは2024年6月からAcer、ASUS、Dell、HP、Lenovo、Samsungといった大手PCメーカーから提供されている。これらのPCは、AI処理に特化して設計されており、AI機能をフルに活用できる仕様となっている。

ただし、本稿執筆時点（2024年10月）では、PCに搭載されているのはクアルコム製のNPUであり、他のチップメーカーの姿はない。これはマイクロソフトが規定しているCopilot+ PCのCPU要件によるもので、サポート対象になっているのがクアルコムのみであることに起因している。

インテル、AMD、エヌビディアも参入

しかし、2024年11月からはインテルとAMDも新たにサポート対象として追加されるため、2社の対象のプロセッサを搭載したPCについてはWindowsアップデートを通じてCopilot+ PCのAI機能が提供される。

今後の最大の注目は、エヌビディアの参入である。同社は「RTX AIラップトップ」という新しいカテゴリを打ち出し、ASUSやMSIと提携し、自社のGPUを搭載したラップトップを開発している。同社のAI PC市場への参入は、これまでゲームやクリエイター向けが中心だったPC市場での影響力をAI対応の新興分野にも広げる狙いがある。GPUは幅広いAIワークロードに対応可能であり、特に大規模なモデルのトレーニングや汎用的なAI計算において、

1.6　AI PCは普及するか　　**45**

NPUに比べて高い柔軟性と処理能力を発揮する。

NPUを搭載したPCは、40TOPS[1]（1秒あたり40兆回の処理）程度のAI処理能力を提供しているが、エヌビディアのGPUは1000TOPS以上を実現できる。これにより、NPUが適している軽量なAIタスクに対して、GPUはより大規模で高負荷なAI処理を迅速に行うことが可能だ。また、AIモデルのカスタマイズや高速実行をサポートする新たなツールキットの提供も予定されているほか、マイクロソフトとAIモデル開発での協力も進めている。

このように各社の強みを活かした製品開発が進むことで、消費者にとってはより多様な選択肢が生まれることになる。AI PCの本格的な普及は、エヌビディアのGPUを含むさまざまなプロセッサを搭載したモデルが広まってからが本番といえるだろう。

半導体メーカー、PC/ラップトップメーカーの インセンティブ

AI PCの普及は、半導体メーカーやPC/ラップトップメーカーにとって大きなビジネスチャンスとなる。新たな製品カテゴリーの創出により、高付加価値製品の販売が可能になるからだ。また、AI機能という新たな魅力により、既存のPC所有者の買い替え需要も刺激することができる。

さらに、AI処理の高速化競争は半導体技術全体の進化を促進し、AI機能を活用した新たなアプリケーション市場の創出も期待

1．TOPS（Tera Operations Per Second）とは、1秒あたりに処理できる演算量を表す単位で、1TOPSは1秒間に1兆回の演算を行えることを意味する

46　第1章　ビジネス編

できる。これらの要因が、各メーカーの AI PC 開発へのモチベーションとなっている。

マイクロソフトの戦略

　ここまで説明してきた通り、マイクロソフトは AI PC 市場を拡大するために、クアルコム、インテル、AMD、エヌビディアといった複数の半導体ベンダーと提携している。競争を促進しつつ、異なるメーカーの技術を Windows 11 に統合することで、多様な選択肢をユーザーに提供し、AI PC 市場全体を活性化させる狙いがある。

　また、「Copilot+」を標準機能として普及させることで、どのベンダーの PC を使用しても、ユーザーが統一的な AI エクスペリエンスを得られるように設計している。半導体ベンダー同士の競争が技術革新を加速させ、最終的には Windows プラットフォーム全体の価値が向上する。

　マイクロソフトは特定の技術に依存せず、NPU や GPU の違いを活用しながら、AI 機能の進化を促進することで、最終的には自社に有利な状況を作り出しているのである。

課題と展望

　AI PC の普及には課題も存在する。現在の AI PC は高価格帯に位置しており、一般消費者にとってはまだ手が届きにくい。また、クラウドベースの AI サービスがすでに普及している中で、オンデバイス AI の優位性をどう示すかが課題となる。プライバシーとセ

キュリティの面では、デバイス上でAI処理を行うことでプライバシーは向上するが、同時に個人のデバイスがより多くの機密データを保持することになるため、新たなセキュリティリスクが生まれる可能性もある。

さらに、現状では主にクリエイティブ作業やビジネス用途が中心となっているが、一般消費者にとってより魅力的なユースケースの開発が必要である。AI PCの真の価値は、日常生活やビジネスにおいてどれだけ実質的な変革をもたらすかにかかっているといえる。

結論

AI PCは今後5〜10年の間に、特にビジネスユーザーや高性能を求めるユーザー中心に普及していくと予想される。複数のベンダーが参入し、競争が激化することで技術革新と価格低下が進めば、徐々に一般消費者向けの市場も拡大していくだろう。

しかし、その普及速度と範囲は、価格の低下と性能向上のバランス、魅力的なAIアプリケーションの開発、プライバシーとセキュリティへの消費者の信頼、そしてクラウドベースのAIサービスとの差別化といった要因に大きく依存する。

1.7

大手テック企業が進める
「隠れ買収」とは何か

大手テック企業が生成AIに大規模な投資を行い、また、雨後の筍のように生成AI関連のスタートアップが次々と誕生する中で、大手テック企業とAIスタートアップの関係性に新たな動きが見られる。従来のM&A（合併・買収）とは異なる形での提携が増加しており、その背景には規制環境の変化や技術開発の特性が関係している。

大手テック企業による「隠れ買収」

マイクロソフトやアマゾン、グーグルといった大手テック企業が、AIスタートアップとの間で従来のM&Aとは異なる形の提携を結ぶケースが増えている。その特徴は以下の通りである。

- スタートアップの技術やIP（知的財産）のライセンス供与を受ける
- 創業者を含む従業員の大半を直接雇用する
- スタートアップ企業自体は法的に存続させる

この手法により、大手テック企業は実質的にスタートアップを傘下に収めつつ、形式上は独立した企業として存続させることができる。業界では、この手法を「隠れ買収」と呼ぶ声もある。代表的な事例は以下の通りである。

①マイクロソフト × Inflection AI

2022年に設立されたInflection AIは、自然な会話を通じてユーザーに情報提供や感情的サポートを行う個人向けAIアシスタント「Pi」を開発していたが、2024年3月、同社はマイクロソフトと以下のような取引を行った。

・6.5億ドルをベンチャーキャピタルに支払い、InflectionのAIモデルをマイクロソフトのクラウドサービスAzure上で提供
・Inflectionの共同創業者2名(Mustafa Suleyman氏とKaren Simonyan氏)と大部分のスタッフをマイクロソフトが直接雇用
・Suleyman氏は新設された「Microsoft AI」部門のCEOに就任

Inflection AIは設立から約1年で13億ドルの資金を調達し、40億ドルの評価額を得るなど、急成長を遂げていたものの、OpenAIやアンソロピックなどの競合他社との差別化に苦戦し、持続可能なビジネスモデルの確立に課題を抱えていた。マイクロソフトとの提携直前には、追加の資金調達が困難になっていたと報じられていた。

50　第1章　ビジネス編

②アマゾン × Adept AI

　Adeptは2022年に設立され、既存のソフトウェアやアプリケーションを自動操作する汎用AIエージェントの開発に取り組んでいたが、2024年6月にアマゾンと以下のような取引を行った。

・Adeptの従業員（100名前後とされる）のうち66％がアマゾンに移籍
・移籍した従業員にはCEOのDavid Luan氏を含む5人の共同創業者が含まれる
・アマゾンはAdeptの技術ライセンスを取得し、アマゾンの「AGI Autonomy」チームの開発を加速

　Adeptは約4億ドルの資金調達に成功し、その製品コンセプトは大きな注目を集めていたが、製品の商用化には至っていなかった。技術開発に多額の資金が必要な一方で、収益化の見通しが立たず、追加の資金調達も難しい状況に陥っていた。アマゾンとのこの取引前には、企業売却を模索しているとも報じられていた。

③グーグル × Character AI

　2021年に設立されたCharacter AIは、個性豊かなAIキャラクターとの対話を可能にするプラットフォームを開発していた。ユーザーは歴史上の人物や架空のキャラクターと会話を楽しむことができ、教育や娯楽分野での活用が期待されていたが、2024年8月にグーグルと以下のような取引を行った。

・Character AIの共同創業者（Noam Shazeer氏とDaniel De Freitas氏）と研究チームの一部をグーグルが雇用
・Character AIの技術を活用し、グーグルの既存のAI開発の取り組みを強化

　Character AIは2023年3月に1億5000万ドルの資金調達を行い、10億ドルの評価額を獲得した。ユーザー数は急増していたものの、収益化が見込めるビジネスモデルの確立には至っていなかった。2023年9月には50億ドル超の評価額での追加資金調達が噂されたが実現せず、競合他社の台頭やAIキャラクターの倫理的な問題も課題として指摘されていた。

　以上3つの事例に共通するのは、大手テック企業がスタートアップの核となる人材と技術を獲得しつつ、法的には企業買収を行っていないという点である。この手法により、大手テック企業は規制当局の厳しい審査を回避しつつ、激しさを増しているAI人材の獲得競争で優位に立つことができる。

新たな提携スキーム台頭の背景

①規制当局による監視強化

　こうした新たな提携スキームが台頭してきた背景には、米国をはじめとする各国の規制当局が大手テック企業による市場独占を防止するために、企業買収に対する審査を強化していることが挙げられる。たとえば、米国では取引額が1億1950万ドルを超える

企業買収については、FTC（連邦取引委員会）が競争政策上の問題がないか調査を行うことになっている。

　そのため、大手テック企業は従来のM&Aに代わる新たな取引スキームを模索する必要に迫られていた。規制リスクを回避しつつ、価値ある人材と技術を迅速に獲得したいという大手テック企業の思惑が、新たな提携スキームを生み出す要因になっている。

②AIスタートアップの資金難

　一方で、スタートアップ側にもこの新しいスキームに応じる動機が存在する。AIスタートアップは、巨額の資金を調達したとしても、技術開発や市場展開にかかるコストが膨大であり、その負担が増大している。たとえば、生成AIの開発、特に大規模言語モデルの開発には膨大な計算資源が必要であり、その費用は数億ドルに及ぶことも珍しくない。

　また、初期の資金調達に成功しても、その後の資金調達が思うように進まないケースも増えている。先述した通り、Adept AIは約4億ドルもの資金を調達したにもかかわらず、事業継続のための追加資金調達が困難な状況に陥っていた。Character AIも50億ドル超の評価額での資金調達が噂されたものの、実現には至らなかった。

　こうした背景から、大手テック企業との提携はスタートアップにとって事業継続と技術開発を両立させるための選択肢となる。大手企業の豊富なリソースを活用できる一方で、ある程度の独立性も維持できるという点がこの新たな提携スキームの魅力となっている。

新スキームの影響と今後の展望

①大手企業の戦略的意図

　この新しいスキームの最大の利点は、規制リスクを回避しつつ、価値ある技術と人材を迅速に獲得できる点にある。マイクロソフトやアマゾン、グーグルといった企業は、このスキームを活用することで、AI市場における競争力を一層強化しようとしている。特に、スタートアップが提供する技術を自社のプラットフォームやサービスに迅速に統合することで、競合他社に対する優位性を確保できる。

　一方で、大手テック企業によるAIスタートアップの「隠れ買収」は、AI業界の寡占化を加速させる可能性がある。有望なスタートアップが次々と大手企業に吸収されることで、市場競争が制限される恐れがある。

②スタートアップの先行き

　スタートアップにとって、このスキームは短期的には資金調達の手段となり得るが、長期的な企業価値の維持には課題が残る。スタートアップが大手テック企業に人材や技術を提供した後、その企業自体がどのようにして新たな価値を創造するかが問われる。特に、技術の商業化や市場展開が順調に進まなかった場合、スタートアップの独立性や成長可能性が大きく損なわれるリスクがある。

③VCへの影響

　この新たなスキームは、AIスタートアップに出資しているベンチャーキャピタル（VC）に対しても大きな影響を与える。従来、VCはスタートアップが一定の成長を遂げた後にIPO（新規株式公開）やM&Aを通じて投資回収（EXIT）を目指すのが一般的であった。しかし、新しいスキームでは、スタートアップがM&AやIPOを行わないまま、大手企業に技術や人材を提供することになり、VCにとってはEXITの機会が制限される可能性がある。

　そのため、このスキームが一般化すると、VCは従来のEXIT戦略を再構築する必要に迫られる。たとえば、スタートアップが大手企業に技術や人材を提供した後も、企業自体が存続するケースでは、VCは未回収の投資を保持することになる。このような状況では、VCが望むリターンを得るためには、スタートアップが再度成長し、別のEXIT機会を模索するか、最終的には企業の清算や資産売却を通じて投資を回収する必要が出てくる。

　特に、スタートアップが大手企業と提携して技術をライセンス供与する場合、VCはその技術の商業化による収益の一部を得る可能性がある。しかし、この収益がVCの期待に見合うものになるかどうかは不透明であり、リスクが高い。

　また、スタートアップが技術や人材を大手企業に提供する一方で、企業自体が存続する場合、その企業価値がどのように変動するかはVCにとって重要な関心事である。たとえば、スタートアップの価値が技術と人材に大きく依存している場合、これらを失った企業が新たな価値を生み出すことは容易ではなく、その企業価値が著しく低下する可能性がある。これは、VCにとっての投資リ

スクを高める要因となり得る。

　VCはこのような状況に対応するために、投資先スタートアップの技術力や経営陣の質をさらに厳格に評価する必要がある。また、技術や人材の移転が企業価値に与える影響を正確に見積もり、そのリスクを軽減するための契約条項を工夫することが求められる。

④規制当局の今後の対応

　新たな提携スキームは、形式上はM&Aではないため、通常の企業買収に適用される規制を回避できてしまう。そのため、規制当局の監視の実効性を低下させる可能性がある。EUの競争法（独占禁止法）においても、このスキームでは、企業の法的独立性が維持されているため、従来の競争法の枠組みでは対応が難しい。

　ただし、FTCは形式的な企業買収だけでなく、市場競争に重大な影響を与える可能性のある取引や提携関係全般を調査対象としており、このまま見過ごされるとは限らない。実際、FTCはマイクロソフトとOpenAIのパートナーシップ締結に関連して独占禁止法違反の可能性を調査していると報じられている。マイクロソフトはOpenAIに総額130億ドルを投資し、49％の株式を保有している。この金額は通常の企業買収の閾値（1億1950万ドル）を遥かに超えていることから、FTCはこの大規模な投資が市場競争に与える影響や不公正な利点があるかどうかを確認している。

　また、マイクロソフトはOpenAIの取締役会に議決権のない席を持ち、同社の収益の大部分を受け取る権利を有している。このことは形式的な買収ではないものの、実質的な支配力を持つ可能性があるのではないかと懸念されている。EUでも、欧州委員会が

56　第1章　ビジネス編

マイクロソフトとOpenAIの提携関係について競争法違反の可能性について調査を開始していると報じられている。

こうした状況から、今回の新たなスキームについても、規制当局が実質的な買収であると判断した場合、新たな規制を導入する可能性がある。特に、スタートアップの技術と人材の引き抜きが市場競争に与える影響について、今後さらに厳しい審査が行われる可能性は否定できない。この新しいスキームが今後も拡大するかどうかは、規制当局の対応に大きく依存するといえるだろう。

仮に規制が強化される場合、大手テック企業はさらなる対策を講じる必要が生じる。たとえば、技術や人材の獲得に対してより柔軟な契約形態を導入するなど、規制を回避しつつ、スタートアップとの取引を継続するための新たな戦略を模索することになるだろう。

結 論

AIスタートアップと大手テック企業の間で進行中の新しい取引スキームは、M&Aに代わる新たな手法として注目されている。このスキームは、規制リスクを回避しつつ、技術と人材を迅速に獲得する手段として、大手企業にとって非常に有効である。一方で、スタートアップにとっては、その独立性や将来性に対する挑戦ともなる。このトレンドがどのように進化するかは、規制当局の動向と市場の変化にかかっている。今後も、テック業界におけるAI技術の覇権争いは激化するだろう。その中で、大手企業とスタートアップの関係性は、ますます複雑かつ戦略的なものとなっていくことが予想される。

1.8

AIアバターの
ビジネス活用は進むか

AIアバターは、AIを活用して人間の姿や声を模倣し、さまざまなタスクを代行するデジタルキャラクターである。これらは、コンピュータグラフィックスで作られた視覚的な表現と自然言語処理技術を組み合わせることで、人間らしい対話や表現を可能にしている。近年、AI技術の進化によってアバターの外見や動作がよりリアルになり、対話の精度も劇的に向上している。これにより、顧客対応、営業支援、さらにはエンターテインメント分野まで、AIアバターの利用領域が拡大している。

AIアバターの技術要素

AIアバターの核となる技術は、以下の通りである。

・画像生成AI：CGやディープラーニングを用いた画像生成技術により、リアルな人物の外見を作り出す
・音声合成技術：自然な発話を生成する

・自然言語処理：ユーザーの入力を理解し、適切な応答を生成する
・モーション生成：自然な動きや表情を作り出す

　これらの技術を組み合わせることで、AIアバターは人間らしい振る舞いを実現し、さまざまな場面で活用されている。
　近年の生成AI技術の著しい進化によって、従来のシナリオベースの対話モデルから、より柔軟で自然な会話が可能になっている。中でも自然言語処理技術の向上がAIアバターの実用性を一層高めており、リアルタイムでユーザーとのインタラクションを行うことができるようになっている。

海外での活用事例

①ウクライナ外務省のスポークスパーソン

　ウクライナ外務省は、AIアバター「Victoria Shi」を利用して、国外在住のウクライナ国民に対して迅速な情報提供を行っている。このAIアバターは2023年に導入され、外務省の公式声明をデジタルな形で伝える役割を持ち、特に緊急時の外務省の対応についてリアルタイムに正確な情報を提供することで、国外在住の国民から信頼を得ている。この取り組みは、AIアバターが政府機関のコミュニケーション手段として活用される可能性を示している。

②インドのAIニュースキャスター

　インドでは、AIアバターがニュースキャスターとして導入され始めている。2023年3月にデリーを拠点とするニュースチャネル

1.8　AIアバターのビジネス活用は進むか　　**59**

「India Today」でAIアバター「Sana」が登場し、英語、ヒンディー語、ベンガル語でのニュースと天気予報の配信を実施した。その後、東インドのOdisha TVで「Lisa」、南インドのPower TVで「Soundarya」といったAIニュースキャスターが続々とデビューしている。

これらのAIニュースキャスターは、多言語対応の特性を活かして各地域の言語に対応し、視聴者層の拡大に貢献している。また、テレビ局は人的リソースに依存せず、24時間体制でニュースを配信できるようになった。

AIニュースキャスターの導入は他のアジア諸国にも広がっており、台湾のFTV News、マレーシアのAstro AWANI、インドネシアのtvOneなどでも同様のAIニュースキャスターが導入されている。これらの取り組みは、多言語社会であるアジアにおいて、より広範な視聴者にリーチする手段としてAIアバターが活用されていることを表している。

③中国では死者との対話ツールとして導入

中国では、AIアバターが故人との対話ツールとして利用されている。2023年には、Super BrainやSilicon Intelligenceといった企業が、顧客の提供する写真や音声データを基に故人のデジタルアバターを作成するサービスを展開し始めた。これらのアバターは、故人の記憶を残し、遺族が亡き人との絆を感じるための新しい手段として注目を集めている。

価格は急速に低下しており、Super Brainの場合、2023年12月には基本的なアバターの作成に1400〜2800ドル程度かかっていたが、現在では700〜1400ドルまで下がっている。中国ではこの

価格低下により、AIアバターの個人利用がより身近なものになりつつある。

④TikTokのAIインフルエンサー

TikTokは新たなマーケティング手段として、AIアバターによる「バーチャル・インフルエンサー」機能の開発を進めている。これは、広告主やTikTok Shopなどの販売者が生成したスクリプトをAIアバターが読み上げる機能で、広告主は24時間365日、製品のプロモーションを行えるようになる。

TikTokのこの取り組みは、中国版TikTokである「Douyin（ドウイン）」の成功を踏まえたものである。ドウインでは、AIアバターが24時間体制でライブストリームを通じて商品の販売活動を行っており、ブランドが設定したスクリプトを基に商品を紹介し、ユーザーからの質問にもリアルタイムで回答する。毎日数千ドル相当の商品を売り上げるブランドも出ており、中国国内ではすでに大きな成功を収めている。

このケースはAIアバターが単なる商品紹介にとどまらず、消費者とのインタラクションを強化し、よりパーソナライズされた体験の提供が可能であることを示唆している。今後のデジタルマーケティング手段としての新たな可能性を開いたといえるだろう。

日本での活用事例

①横須賀市の市長アバター

日本でもAIアバターの活用が続々と始まっている。横須賀市は

2024年4月に国内の自治体で初めて生成AIを活用した市長アバターを導入し、市の公式YouTubeチャンネルにおいて、市の情報を英語で発信する試みを行っている。この取り組みは、AIアバターが行政サービスの向上と国際化に貢献する可能性を示しており、他の自治体にとっても参考になるだろう。

②イーデザイン損害保険　バーチャルコンシェルジュ

イーデザイン損害保険は2024年1月から3月にかけて、顧客接点の高度化に向けた取り組みの一環として、実在する社員をベースにしたAIアバター「バーチャルコンシェルジュ」を構築し、顧客対応の精度を検証した。

具体的には、カスタマーセンターへの問い合わせが多い自動車保険の車両入替業務をユースケースに、通常の手続きに加えて、「主な運転者が変更になる」といったイレギュラーなケースを含む5種類のシナリオで対話精度や応答速度などを評価した。

検証の結果、人間としての自然な動作、応答速度などに課題は残るものの、将来的には顧客接点として活用できる可能性があると判断し、実用化を目指してさらなる検討を進めるということだ。

技術的課題

AIアバターのビジネス活用には多くの可能性があるが、いくつかの技術的課題が残っている。主な課題は以下の通りである。

①感情認識

AIアバターが自然な対話を実現するためには、単に言葉を理解

62　第1章　ビジネス編

するだけでなく、ユーザーの音声やテキストから感情を正確に読み取り、応答に反映することが求められる。音声や映像を組み合わせた感情認識は進化中ではあるが、ユーザーの感情に基づいて適切に対応するのは依然として難しい場合がある。

②リアルタイム処理と遅延

クラウド上で動作するAIアバターの場合、データのやり取りに伴う遅延が発生しやすく、ユーザーの待ち時間を増やす原因になる。これに対処するために、クラウドではなく、端末側で推論処理を行うエッジAIなどの技術が注目されているが、まだ最適化の余地がある。

③マルチモーダル処理

最近のAIアバターでは、テキスト、音声、画像などマルチモーダルな情報を統合して処理する必要がある。しかし、これらの異なる形式のデータを統一的に理解し、正確に応答するのは依然として難しい。特に、異なるモーダル間で情報の一貫性を保ちながらリアルタイムで応答するためのクロスモーダルのシームレスな統合は、さらなる研究と技術開発が必要である。

倫理的課題

技術的な課題に加えて、倫理的な課題も解決する必要がある。学習データの偏りから生じるバイアスによって特定の人種や性別に対して差別的な発言をしたり、インフルーエンサーとして社会的影響力を持つアバターが誤った情報を広めたり、ユーザーの意

思決定に不当に影響を与える可能性などが指摘されている。

前述した故人との対話を模倣するAIアバターの場合、故人の人格や意志をどう再現するのかという問題や、故人が自分のデータや人格をAIを使って再現されることを望んでいたかどうかが不明な場合、故人のプライバシーや尊厳を侵害する可能性がある。

また、このようなAIアバターは、遺族に一時的な慰めを提供するかもしれないが、心理的依存や感情的な混乱を引き起こすリスクもある。遺族がAIアバターに依存してしまうことで、現実の喪失を受け入れるプロセスが遅延したり、悲しみを克服する過程が妨げられたりする可能性もある。

技術的課題は日進月歩で進むAIの進化によって次第に解消されていくと考えられ、今後は技術的課題よりも倫理的課題の重要性の比重が上がっていくと予想される。すでに一部検討が進められているが、AI倫理に関する規制やフレームワークの整備が急務となるだろう。

結 論

AIアバターのビジネス活用は、技術の進化により多くの分野で実用化が進んでいる。特に顧客対応やエンターテインメント、マーケティングにおける導入事例が増加しており、今後もその活用領域はさらに広がることが期待される。しかしながら、感情認識やマルチモーダル処理の課題、さらに倫理的な課題は依然として残っている。これらの課題を解決しながら、より高度で倫理的なAIアバターの実現に向けた技術開発と規制整備の両立が今後の鍵となるだろう。

64　第1章　ビジネス編

1.9

AIのハリウッド進出は
実現するか

映画産業は常に最新技術を取り入れることで発展してきた。サウンド、カラー、CGI[1]（Computer Generated Imagery）、3D、そして最近ではバーチャルプロダクション[2]など、新しい技術は映画体験を豊かにし、制作プロセスを変革してきた。AIも例外ではなく、すでに一部の制作現場で活用され始めている。しかし、この進展には技術的な課題だけでなく、俳優や脚本家の雇用、創造性への影響が懸念されている。

動画生成AIの登場

　近年、テキストから動画を生成するAI技術が急速に発展している。AIスタートアップのRunwayやPika Labs、OpenAIのSoraなどが注目を集めているが、まだ数秒程度の短い動画生成にとどま

1．コンピュータを使って作成された視覚効果や映像のこと
2．実写撮影とデジタル技術を融合させた映画制作の手法

っている。しかし、これらの技術は日々進化しており、将来的には長編映画の一部や全体を生成できる可能性がある。

たとえば、RunwayのAIモデルは、数秒の映像クリップを自動生成し、特殊効果や幻想的なシーンを瞬時に作成することが可能である。この技術は、低予算の映画や短編映像制作において非常に有用であり、独立系映画制作の現場でも需要が高まっている。

2024年9月に発表されたRunwayと映画スタジオLionsgate（ライオンズゲート）[3]の提携は、AIによる映画制作という「パンドラの箱」を開ける出来事として注目を集めた。この提携は、ライオンズゲートが保有する映画とテレビコンテンツのライブラリを活用し、Runwayがカスタム AI モデルを開発することを目的としている。開発されたAIモデルは、ストーリーボード作成や背景、特殊効果の生成に使用される予定で、これにより制作コストの削減が期待されている。

映画「ジョン・ウィック」シリーズの第5弾が制作される場合、過去のシリーズのデータを基にAIがストーリーボードを生成することなどが検討されている模様だ。また、アクションシーンや特殊効果を必要とするシーンは、従来の手法では非常に高コストで危険を伴うため、AIの活用によって、そのコストとリスクの軽減が期待できる。

3．キアヌ・リーブスが伝説の殺し屋を演じる人気アクション映画「ジョン・ウィック」シリーズで知られる映画スタジオ

AIがもたらす新しい映画制作の可能性

AIが映画制作にもたらす可能性は、映像の生成にとどまらない。未来のハリウッドでは、AI技術が観客とのインタラクションを高め、映画制作のプロセスがより双方向的で分散型になる可能性がある。たとえば、ファンがAIを利用して自分自身を映画のシーンに登場させたり、物語の展開を変更したりするインタラクティブな映画体験が実現する可能性がある。

また、AIは映画制作における創造的なプロセスを補完するツールとしても期待されている。従来に比べて、異なるシナリオやビジュアルの可能性を探ることは格段に容易になるだろう。

一方で、人間だけが持つ独自の創造性の価値が、より一層高まると考えられる。感情の機微を捉えた演技や、社会的文脈を理解した深みのあるストーリーテリングなど、人間の経験や感性に基づく創造性は、依然としてAIにはまねできない。今後、こうした人間ならではの創造性を活かしつつ、AIの長所を組み合わせた制作スタイルが主流になっていくだろう。

労働問題とAIの脅威

一方で、こうしたAI技術の進展は、映画業界内の労働構造に波紋を広げている。すでにヨーロッパでは俳優の声を使用し、複数の言語で音声と口の動きが同期した吹き替えを生成できるようになり、吹き替えや字幕制作の仕事が激減しているという。

2023年にニュース等で取り上げられ、大きな話題となった全米

脚本家組合（WGA）と全米映画俳優組合（SAG-AFTRA）によるストライキでは、AIの使用が主要な争点となった。映画スタジオ側は、AIを活用して制作コストの削減を目指しているが、俳優や脚本家たちはAIによって自身の仕事が奪われることを懸念したものだ。

　特に問題となったのは、AIが俳優のデジタルツイン（仮想的な分身）を生成し、それを映画やテレビ番組に登場させる技術である。これにより、俳優が物理的に撮影現場にいなくても、AIが彼らの演技や声を再現できるようになる。この技術が進化すれば、俳優の存在が不要になり、デジタル化された俳優の権利や報酬に関する新たな問題が生じる可能性がある。

　こうした状況の中、2024年10月にカリフォルニア州のギャビン・ニューサム知事が、AIの使用から俳優を保護する新たな法律に署名した。この法律は、俳優の声や映像が許可なくAIで再現されることを防ぐことを目的としており、AI技術が急速に進化し、映画業界での利用が拡大する中で、俳優のデジタル権利を強化する重要な一歩として注目を集めている。

AIによる「若返り」の光と影

　1994年に公開された映画『フォレスト・ガンプ／一期一会』のロバート・ゼメキス監督、俳優のトム・ハンクス、ロビン・ライトの3人が再びタッグを組んだ映画『Here』（2024年11月公開）では、トム・ハンクスとロビン・ライトがティーンエイジャーから80代までの年代を演じている。現在、60代後半のトム・ハンクスと50代後半のロビン・ライト本人がティーンエイジャーを演じるのはさすがに無理がある、そう考えるのが普通だが、実は2人の若返りを

実現するために使用されたのが、「Metaphysics Live」と呼ばれる生成AIツールである。

似た風貌の若手俳優に若い頃を演じさせるのではなく、AIによって若かりし頃の本人がほぼ再現できたことで映画ファンからは概ね好評のようだ。こうした技術によって、実年齢に関係なくさまざまな役を本人が演じ続けることができれば、一流の俳優は地位を固めることができるかもしれない。しかし、その一方で若手俳優はチャンスを掴む機会が減少する恐れがある。

このままAI化が進めば、将来的には映画やテレビの制作において、主要な俳優とサポートキャストのみが雇用され、その他の脇役や背景キャラクターはすべてAIで生成されても不思議ではない。このような未来が現実となれば、映画制作における労働力構造が根本的に変わることになるだろう。

依然としてくすぶる著作権問題

AIが完全に映画制作を主導するには、労働問題以外にも課題が残っている。現段階では、AIが生成する映像は予測が難しく、映像の品質やストーリー展開の一貫性を保つためには人間のクリエイターが重要な役割を果たしている。また、AIが生成する映像や素材には、著作権の問題が伴うこともあり、適切な許可を得ずにデータが使用されることに対する批判も根強い。

Runwayをはじめとする動画生成AIを開発する企業は、YouTubeなどに公開された映像をトレーニングデータとして使用しており、これに対する著作権侵害の訴訟が増加している。たとえば、Runwayは2024年7月に米国のニュースメディアである404

Mediaによって、「Runwayは人気のYouTubeクリエイターやブランドの動画数千本、さらには海賊版映画をトレーニングに使用している」として告発された。トレーニングのために使用されたとされるYouTubeチャンネルには、ピクサー、ディズニー、ネットフリックス、ソニーなどのチャンネルが含まれている。

　AIが映像生成を支援するためには、大量のデータが必要となるため、データの使用に関する法的な枠組みの整備が不可欠である。

結 論

　AIの進歩は止められず、すでに多くの制作現場でAIが活用されている現状から見ても、AIのハリウッド進出は今後さらに進展することが予想される。しかし、技術の進展に伴う労働問題や著作権問題に対応するための法整備、さらには俳優を保護する枠組みの強化が求められている。カリフォルニア州の新たな法律は、AI技術の進化とともに俳優の権利を守る上での重要なマイルストーンとなるだろう。

　一方で、AIは映画の制作プロセスそのものも変革しつつあるが、プロセスを効率化し、制作コストの削減や新たな表現方法を提供するだけでなく、人間の創造性を補完し、拡張するツールとしても位置づけられるべきである。最終的に、AIと人間の協働によって生まれる新しい表現が、ハリウッドの未来を形作っていくことになるだろう。

1.10

AIエージェントはSaaSの
ビジネスモデルを変えるか

AIエージェント（詳細は「2.1　AIエージェントは人間の代わりになるか」を参照）の導入は、SaaS業界のビジネスモデルに大きな変革をもたらす可能性がある。特に注目されているのは、Zendeskが2024年に導入した成果ベースの課金モデルであり、このモデルは他のSaaSベンダーにも大きな影響を与えつつある。

Zendeskの成果ベース課金モデル

　クラウドベースのカスタマーサポートツールを提供するZendeskは2024年8月、同社が展開するAIエージェントに対して成果ベースの課金モデルを導入した。このモデルは、AIエージェントが顧客の問い合わせを自動的に解決できた場合にのみ料金が発生する仕組みであり、解決できずに人間のエージェントに引き継がれた場合は課金されない。

　成果ベース課金モデルは、AIエージェントが一定以上の精度で顧客の問い合わせや問題を解決できるという自信を持っていなけ

れば採用は難しい。Zendeskはそれだけ AIエージェントの品質や
問題解決能力に自信を持っているということになり、他ベンダー
にとって大きなプレッシャーとなるだろう。

　これまでのサブスクリプション型やユーザー数ベースの課金方
式とは異なり、導入企業は実際に問題が解決された場合のみ料金
の支払いを行うため、導入リスクが低減されるほか、支払いに対
して得られる価値の関係を明確に理解できる。また、AIエージェ
ントは人間のエージェントと異なり、24時間365日稼働できるほ
か、コスト効率に優れているため、人間のエージェントを採用す
るよりもコストを削減できる場合がある。特に、単純な問い合わ
せが多数発生する業界では、AIエージェントの導入によって人件
費の削減が期待できる。

　Zendeskにとっては高品質なAIエージェントを開発・維持する
モチベーションが高まるというメリットがある一方で、解決され
た問題の数によって収益が変動するため、収益の予測が難しくな
る。これは、裏を返せば、導入企業側も支出管理が難しくなること
を意味する。

　ただし、AIエージェントの導入効果に確信が持てない企業でも、
このモデルであればリスクを抑えながら試験導入が可能なため、
新規顧客にとって魅力的なオファーになるだろう。

Salesforceは消費ベースの課金モデルを採用

　Zendeskだけでなく、他の大手SaaSプロバイダもAIエージェン
トの導入とそれに伴う新しいビジネスモデルの模索を進めている。
SalesforceはAIエージェントプラットフォーム「Agentforce」を

72　第1章　ビジネス編

2024年9月に発表し、営業やカスタマーサポートタスクを自律的に遂行できるAIエージェントを展開している。

ただし、SalesforceはZendeskとは異なり、「消費ベース」の課金モデルを採用している。消費ベースとは、一会話毎に料金を徴収するというもので、Agentforceプラットフォームでは、AIエージェントを利用した会話1回あたり2ドルの料金が設定されている。使用した分だけ料金を支払うというシンプルな仕組みである。

消費ベースの課金モデルでは、利用量と費用の関係が明確でわかりやすい。また、繁忙期と閑散期で利用量が大きく変わる業種の場合、従来のサブスクリプションに比べ、トータルコストを抑えられる可能性がある。一方で料金の上限設定がない場合、顧客側で使用量を適切に管理しなければ予想外の高額請求につながる恐れがあるほか、使用量の変動があまりに大きい場合、正確な予算策定が難しくなる点がネックになる。ベンダー側も収益の予測がしづらくなる。

消費ベースの課金モデルが適しているケース

Salesforceの場合は、新たに導入された消費ベースの料金だけでなく、従来のサブスクリプションベースの料金モデルを選択することも可能である。では、それぞれどういったケースが適しているのだろうか。たとえば、以下のような状況では消費ベースモデルが有効である。

・季節ごとの需要の変動が大きい業界：小売業や旅行業など、セールや繁忙期に問い合わせが急増する企業では、消費ベースモデ

ルが適している。使用量に応じて柔軟に支払いを調整できるため、トータルコストを削減できる可能性がある。
・試験的に導入したい企業：AIエージェントの導入を検討しているが、効果がまだ確信できない企業にとって、消費ベースモデルは初期投資を抑えつつ、試験的に利用できる選択肢である。特定のプロジェクトや短期間での利用を前提に使用量に応じた支払いができるため、過剰な支出を避けられる。

サブスクリプションベースの課金モデルが適しているケース

一方、サブスクリプションベースの課金モデルは、長期的に安定した利用が見込まれる企業や、固定コストで予算を管理したい場合に適している。特に、以下のような状況ではサブスクリプションモデルが有効である。

・高頻度の問い合わせが発生する企業：コールセンターやカスタマーサポートが中心となる業界では、AIエージェントを日常的に高頻度で利用するため、サブスクリプション契約によって固定料金で無制限に利用できる方がコストを抑えられる場合が多い。
・コスト予測が重要な企業：毎月の利用料を一定に保ちたい企業や、大企業で複数の部門がAIエージェントを利用する場合、サブスクリプションモデルの方が予算計画を立てやすい。

このように企業の業務形態やAIエージェントの利用頻度に応

じて、消費ベースモデルとサブスクリプションベースモデルを使い分けることが重要である。

変わる評価指標

企業がAIエージェントを導入し、それに伴う新たな課金モデルを採用する場合、評価指標の見直しが必要になる点には注意が必要だ。たとえば、成果ベースの課金モデルを導入した場合、どうしても顧客からの問い合わせを解決できたかどうかに目が向きがちになるが、単に問題をクローズしただけでなく、顧客満足度を維持・向上できているかといった「解決の質の評価」が必要になる。また、短期的な問題解決だけでなく、顧客満足度や顧客維持率への影響などの「長期的な視点での評価」も求められるだろう。

従来のCXモデルでは、顧客満足度やネットプロモータースコア（NPS）など、感情的な指標が顧客体験の評価に用いられてきた。AIエージェントが導入された後も、これらの指標は引き続き有効であるが、人間からAIへの移行による影響も評価する必要がある。

また、AIエージェントの導入効果を測定するため、これらの指標に加えて、より具体的な結果や自動化の成果を測る新しい指標も求められるようになるだろう。たとえば、解決までの時間が短縮されたか、繰り返しの問い合わせが減少したか、あるいはどの程度自動で解決できたかなど、AIが顧客に与える直接的な価値を測る指標の重要性が増すと考えられる。

結　論

AIエージェントの台頭は、単なる技術革新にとどまらず、ビジ

ネスモデルそのものを再定義しつつある。成果ベースや消費ベースの新たな課金モデルの登場は、顧客に対する価値の提供方法を根本から変える可能性がある。また、それだけでなく、ビジネスの成功指標や顧客体験の評価方法にも変革を促すだろう。

　今後もAIの進化に伴い、さらなる課金モデルの多様化や高度なサービス提供が予想される。技術革新と顧客ニーズに合わせた柔軟なビジネスモデルを構築し、継続的に価値を提供できる企業が成功するSaaSプロバイダとなるはずだ。

第2章

テクノロジー編

CHAPTER 2

TECHNOLOGY

30 TRENDS OF GENERATIVE AI

2025-2026

2.1

AIエージェントは人間の代わりになるか

LLM（大規模言語モデル）を基盤とするアプリケーションとして「AIエージェント」が注目を集めている。OpenAIのサム・アルトマンCEOは2024年5月、AIエージェントを「AIのキラーファンクション（機能）」と評したほどだ。一部業務では、すでに人間を代替するケースも報告されている。

AIエージェントとは何か

　AIエージェントは、ユーザーから与えられた目標をもとに、複数のタスクを自律的に計画・実行するAIシステムである。これには、LLMを活用した推論や分析、インターネットや外部アプリケーションとのやり取り、さらにはメモリー機能の利用が含まれる。たとえば、タスクを段階的に分解し、外部のデータやAPI（Application Programming Interface）にアクセスして目標を達成することができる。

　AIエージェントは単にユーザーの質問に答えるだけでなく、複

雑な問題を解決するためにタスクを自動的に生成し、順次実行する能力を持つ。このため、単なるチャットボットとは一線を画し、より高度な自律性を持つ。また、将来的なAGI（汎用人工知能）実現に向けた重要なステップとして位置づけられている（詳細は「2.10 AGI（汎用人工知能）は実現するか」を参照）。

AIエージェントの動作プロセス

　AIエージェントはユーザーが入力した指示に基づき、主に以下の3つのステップを経て動作する。

①自然言語理解

　エージェントは、ユーザーの指示や要求を自然言語で理解する。メモリーに記録された過去の対話履歴や文脈を活用して、より精緻な理解を行う。

②意思決定

　次に、どのタスクをどの順序で実行すべきかを決定する。タスクが複雑な場合は、複数のステップに分割して効率的に実行できるように計画する。

③タスクの実行と応答の生成

　最後に、計画されたアクションを実行する。この段階では、エージェントが外部のAPIやデータベースを使用してタスクを遂行し、その結果を基にユーザーに適切な応答を生成する。タスクが実行される際に得られた情報は、再びメモリーに記録され、次回以降

の動作に反映される。

水平業務を担うエージェントが先行

　LLMの進展を背景に、2023年以降、AIエージェントの開発に取り組むスタートアップが急増している（図表2-1）。現在のところ、カスタマーサポートやセールス、ソフトウェア開発といった水平的な業務を担うエージェントが先行している。この背景には、これらの業務が複数の業種や職務にわたって幅広く利用可能であることが挙げられる。特にカスタマーサポートの領域では、AIエージェントが人間によるサポートを置き換えつつある。

　たとえば、ストックホルムを拠点とする大手BNPL（Buy Now, Pay Later＝後払い）プロバイダであるKlarnaでは、カスタマーサポートの担当者700人に相当する仕事をAIエージェントが担っており、年間4000万ドルのコスト削減につながったという。具体的に

図表2-1　さまざまなAIエージェント

AIエージェント				
カスタマーサポートエージェント	セールス（SDR）エージェント	ソフトウェア開発エージェント	サイバーセキュリティエージェント	特定業界向けエージェント
従来からAIの活用が進んでおり、LLMの活用にも抵抗がない ●Salesforce ●Sierra ●Ada　など	リードの生成、見積りやメールの自動生成などにより営業プロセスを自動化 ●Salesforce ●Qualified ●11xAI　など	コーディングの支援でなく、「エージェント」を目指して進化中 ●Cognition ●Magic ●Imbue　など	サイバーセキュリティの専門知識を持つ （SOCの役割など） ●Dropzone AI ●Nullify　など	銀行、保険、製造、ゲームなど個別業界向け ●Roots Automation（保険の引き受け） ●Norm ai（コンプライアンスチェック） など

80　第2章　テクノロジー編

は、返金、返品、支払い関連の問題、請求書の誤りなど、幅広い問い合わせに適切に対応し、顧客満足度は人間のエージェントと同等、問題解決能力に優れ、繰り返しの問い合わせは25%減少し、さらに問題解決に要する時間は平均11分から2分未満に短縮したという。

　セールスの分野では、AIエージェントによるアウトバウンド営業活動の自動化に注目が集まっている。リードの生成、ルーティング、パーソナライズしたメッセージの作成、さらには顧客とのミーティングの予約までをAIエージェントが自動的に実行することで、効率的なリード生成が実現できる。セールスフォースのような大手ベンダーのほか、Clayや11xAIといったスタートアップがセールスエージェントの提供を開始しており、営業支援ツールを強化しつつ、AIエージェントが従来の営業職に取って代わる可能性を示唆している。

　その他では、サイバーセキュリティ領域のAIエージェントが注目されている。アラート調査やレポート生成、脆弱性の修正などにエージェントを応用したり、SOC（Security Operation Center）の役割を担ったりするエージェントが登場している。（ソフトウェア開発エージェントについては、「2.2　ソフトウェア開発エージェントは人間のエンジニアを代替するか」で詳しく解説する）。

　一方、垂直的な（個別業界向け）業務を担うAIエージェントは水平的な業務を担うエージェントに比べて後れを取っているものの、金融（コンプライアンスチェック）や保険（引き受け）、ゲーム（ゲーム内でAIが制御するキャラクター）などの分野でAIエージェントの活用が始まりつつある。

2.1　AIエージェントは人間の代わりになるか　　**81**

マルチエージェントシステムの研究が進行

　AIエージェントの市場が急速に拡大する中、学術研究もこの分野の発展を支えている。特に、より複雑なタスクを効率的に処理するための技術開発が進んでおり、中でも「マルチエージェントシステム」が注目を集めている。

　マルチエージェントシステムは、従来の単一エージェントの限界を克服するために、複数のエージェントが連携してタスクを遂行する仕組みである。これにより、各エージェントが個々のタスクに特化しながらも、全体の効率を最大化することが可能となる。マルチエージェントは幅広い分野に応用可能であるが、ここでは、ソフトウェア開発と希少疾患の診断への応用について解説する。

①ソフトウェア開発プロセスへのマルチエージェントの適用

　ソフトウェア開発プロセスにおけるマルチエージェントの応用として代表的なのが「ChatDEV」である。ChatDEVは、複数のLLMエージェントが協力してソフトウェアの開発を効率化するシステムである。これにより、開発者の作業をサポートするだけでなく、エージェント同士が独立してタスクを分担し、協調的に作業を進行できる。

　たとえば、ChatDEVでは、次のような役割分担が行われる。

・仕様策定エージェント：要件や仕様書をもとに、システムの全体設計を生成

・コード生成エージェント：仕様に基づいてコードを書き、適切な
　開発言語やフレームワークを選択
・テストエージェント：生成されたコードを自動でテストし、エラ
　ーやバグを検出して修正を提案

　これらのエージェントが連携することで、従来の開発プロセス
を大幅に効率化し、開発サイクルの短縮が期待できる。特に、反復
的な作業はエージェントが自動で処理するため、開発者は創造的
な部分に集中できるようになる。ChatDEVは、特にアジャイル開
発や継続的インテグレーションなどの環境において有効であり、
迅速なリリースサイクルが求められるプロジェクトにおいて効果
的である。

②希少疾患の診断へのマルチエージェントの適用

　マルチエージェントシステムのもう一つの注目すべき応用分野
は、希少疾患の診断である。希少疾患は、その症例の少なさや症状
の複雑さから、診断が困難なケースが多い。しかし、複数のエージ
ェントが協力することで、より精度の高い診断が可能になると期
待されている。具体的には次のようなエージェントが協力して診
断にあたる。

・データ収集エージェント：患者の病歴、症状、検査結果などを集
　め、他のエージェントに提供する。特に、文献や過去のケース
　スタディを参照し、類似した症例を検索する機能が重要である。
・推論エージェント：収集されたデータをもとに、疾患の可能性を
　リストアップし、症状と一致する希少疾患の候補を提示する。こ

のエージェントはLLMを活用し、専門的な医療文献やデータベースから知識を引き出すことができる。

・専門家フィードバックエージェント：診断結果を医師や専門家に提供し、フィードバックを得る。これにより、エージェントは診断精度をさらに高めるための補正を行う。

　このようなマルチエージェントシステムにより、患者のデータが一元的に管理され、医師が参照すべき情報が網羅されるため、より迅速かつ正確な診断が可能となる。また、エージェントは常に最新の研究や文献にアクセスできるため、新しい治療法や診断方法の導入も迅速に行われる。

信頼性や不適切な判断を下すリスクが課題

　今後の進展が大いに期待されるAIエージェントであるが、まだ開発初期段階にあり、複雑なタスクを完全に自律的に実行することは難しい。たとえば、エージェントが外部のウェブサイトやAPIと連携し、さまざまな操作を行うことが求められるシナリオでは、インターフェースの多様性や予測不可能なエラーに対応しきれないことがあるなど、信頼性の面で課題がある。

　エージェントが不適切な判断を下すリスクをどう軽減するかといった課題もある。たとえば、ユーザーから与えられる指示が曖昧だったり、不完全だったりした場合、エージェントは誤った解釈をし、誤った行動を取る恐れがある。また、エージェントは、過去のデータに基づいて判断を下すが、完全に新しい状況や予測不能な環境に直面した場合、その判断が適切でないことがある。特

84　第2章　テクノロジー編

にリスクの高いビジネスや法律分野では、不適切な判断が取り返しのつかない事態を生む可能性が高く、注意が必要だ。

結 論

AIエージェントは、これからのAI技術の発展を牽引する存在であり、すでに特定の業務においては、人間と同等かそれ以上のパフォーマンスを発揮している。その可能性は今後ますます拡大し、多くの業界で導入が進むことが予想される。

現状では、複雑な判断や予測困難な状況への対応には課題が残るが、技術の進化とともにこれらの限界も徐々に克服されていくと期待される。人間との協働を通じて、AIエージェントはより広範な業務分野で革新をもたらす力を秘めている。

2.2

ソフトウェア開発エージェントは
人間のエンジニアを代替するか

AI技術の急速な進歩により、ソフトウェア開発の世界にも大きな変革の波が押し寄せている。特に注目を集めているのが、ソフトウェア開発エージェントと呼ばれる新しい種類のAIツールだ。このエージェントは、人間のソフトウェアエンジニアの作業プロセスを模倣し、コーディングタスクを自律的に実行することを目指している。

ソフトウェア開発エージェントとは何か?

ソフトウェア開発エージェントとは、大規模言語モデル(LLM)を基盤とし、人間のソフトウェアエンジニアが行う一連の作業を自律的に実行することを目指すAIシステムである。

自律的なエージェントは、問題分析、コード生成、デバッグ、テストなど、ソフトウェア開発プロセスの多岐にわたる側面をカバーする能力を持つ。ソフトウェア開発エージェントの主な特徴は以下の通りである。

86　第2章　テクノロジー編

（1）自然言語理解：人間の開発者からの指示を自然言語で受け取り、理解する。

（2）計画立案能力：与えられた課題を分析し、解決のための段階的な計画を立てる。

（3）コード生成：計画に基づいて、実行可能なコードを生成する。

（4）自己評価と修正：生成したコードを評価し、必要に応じて修正を行う。

（5）ツール利用：コマンドライン、コードエディタ、ウェブブラウザなど、人間の開発者が使用するツールを操作する。

コーディングアシスタントとの違い

　自律的なソフトウェア開発エージェントは突如として出現したわけではない。ルールベースのコーディング支援から、LLMを活用したCo-pilot型のコーディングアシスタントを経て、自律型のエージェントへと進化を遂げている（図表2-2）。

図表2-2　ソフトウェア開発エージェントへの進化

ルールベース型	Co-pilot型	自律型
ルールベースの コーディング支援	LLMによるコーディング アシスタント	自律型コーディング エージェント
IDEにおけるシンタックスハイライトやコード補完機能のように、決まったパターンやテンプレートに基づいてコード補完を行う	GitHub Copilotのように、自然言語での指示に基づいてコードを生成したり、既存のコードの改善提案を行うが、最終判断は人間が行う	与えられた要件やプロジェクトの目標に基づき、人間の介入なしにコードを自律的に生成し、バグ修正やパフォーマンスの最適化まで実施

ルールベースのコーディング支援は、IDE（統合開発環境）におけるシンタックスハイライトやコード補完機能のように、決まったパターンやテンプレートに基づいてコード補完を行うものであった。次のコーディングアシスタントは「GitHub Copilot」や「Amazon Q Developer」のように、開発者の自然言語による指示に基づいてコードを生成したり、書きかけのコードを補完したりする機能に焦点を当てている。

しかし、ソフトウェア開発エージェントは、単なるコードの補完にとどまらず、プロジェクト全体の構造を把握し、問題解決のための戦略を立案し、その実行までを担う。この違いは、タスク遂行のスコープと自律性において大きな差があることを意味する。

たとえば、従来のアシスタントはユーザーからの詳細な指示を必要とするが、エージェントは自らタスクを分割し、必要な情報を収集し、計画を実行する。これにより、人間が手動で行っていた多くの開発プロセスがエージェントによって自動化される。

代表的なソフトウェア開発エージェント

主なソフトウェア開発エージェントとしては以下が有名である。

① Devin

Cognition社が開発した「世界初の完全自律型AIソフトウェアエンジニア」と称されるシステム。自然言語による指示を理解し、複雑なソフトウェア開発タスクを遂行できる。

Devinは SWE-Bench[1] で、13.86%のタスク解決率を達成している。この数値は現時点では決して高いものではないが、他のエー

ジェントよりも優れている。

② OpenDevin

　オープンソースコミュニティによって開発された、Devinの機能を再現しようとする試み。オープンソースであるため、多くの開発者が自身のプロジェクトに合わせてカスタマイズできる。また、自己評価機能を持っているため、コードのエラーを自律的に発見し、修正する能力も強化されている。

③ SWE-agent

　GitHubのリポジトリ（リースコードの格納庫）におけるバグ修正や問題解決に特化したエージェント。任意の言語モデルを使用可能で、SWE-Benchでは12.3%のタスク解決率を達成し、バグ修正作業の効率化に貢献している。

④ Genie

　Cosine社が開発したソフトウェア開発エージェントで、SWE-benchで30.08%という最高スコアを達成したとされる。人間のエンジニアの認知プロセスを模倣するよう訓練されている。

ソフトウェア開発エージェントが急速に進化している理由

　ソフトウェア開発エージェントが急速に進化している理由の一

---

1. ソフトウェア開発エージェントやコーディングツールのパフォーマンスを評価するためのベンチマーク。GitHub上の実際のバグ修正や機能追加といった問題に対する解決能力を測定する

つは、LLMの飛躍的な性能向上である。GPT-4やClaude 3といったモデルは、コードの生成だけでなく、問題解決や計画立案、さらには自己評価といった複雑なタスクも自律的に行えるようになっている。

さらに、もう一つの要因として、パフォーマンスの評価がしやすい点が挙げられる。SWE-BenchやHumanEval[2]といったベンチマークテストは、エージェントが生成したコードの正確性や問題解決能力を定量的に測定できる。この評価基準の明確さは、研究者が短期間で試行錯誤を繰り返し、技術を向上させるモチベーションを生み出している。

たとえば、SWE-BenchではエージェントがGitHub上でどれだけのイシューを解決できたかが評価される。これにより、研究者は改善点を特定し、フィードバックループを通じてエージェント技術の性能向上を迅速に進められる。このような評価プロセスの効率性が、エージェント技術の急速な進化を支えている。

現状は発展途上であり、多くの制約が存在

急速に進化しているものの、現状のソフトウェア開発エージェントは発展途上であり、限界や課題も多く残っている。主なものを以下に挙げる。

（1）解決率の低さ：最高性能のGenieでさえ、SWE-benchで30%

---

2. プログラムのコード生成モデルを評価するために使用されるベンチマークの一つ。Pythonのプログラミングタスクに対して、正しいコードを生成できるかどうかを測定する

程度の解決率にとどまっている。これは、多くの複雑な問題に対してはまだ人間の介入が必要であることを意味する。

（2）プログラム言語や技術スタックの制約：現時点では、エージェントが特定のプログラム言語に最適化されていることが多く、すべての開発環境において万能に機能するわけではない。

（3）一貫性の欠如：エージェントの性能は問題の性質や複雑さによって大きく変動する。単純なタスクでは高い成功率を示すが、複雑な問題や新しい概念を含む課題では苦戦することがある。

（4）コンテキスト理解の限界：大規模なプロジェクトの全体的な構造や長期的な目標を完全に理解することは依然として困難である。

（5）創造性の制限：エージェントは既存のパターンやソリューションを組み合わせることは得意だが、全く新しいアプローチや革新的な解決策を生み出すことには限界がある。

（6）倫理的考慮の欠如：エージェントは与えられたタスクを効率的に解決することに注力するが、その解決策が倫理的に適切かどうかを判断する能力は限られている。

（7）説明能力の不足：エージェントが生成したコードや解決策の理由を詳細に説明するのが難しい場合がある。これは、コードの品質保証や長期的なメンテナンスの観点から問題となる可能性がある。

これらの限界は、現状のソフトウェア開発エージェントが人間のエンジニアを完全に代替するには至っていないことを示している。むしろ、当面は人間とAIの協働が最も効果的なアプローチであることを示唆しているといえよう。

2.2　ソフトウェア開発エージェントは人間のエンジニアを代替するか　**91**

今後の展望

　今後、ソフトウェア開発エージェントはより高度な自律性を獲得し、多様なプログラミング言語やフレームワークへの対応力を高めていくだろう。また、自己学習機能の向上により、時間と共にパフォーマンスを自動で改善していくことが期待される。特に、複雑なコード修正や大型プロジェクトの管理など、従来は人間にしかできなかった領域に進出する可能性が高い。

　また、複数のエージェントが協調して動作する「マルチエージェントシステム」の進化も見逃せない（詳細は「2.1　AIエージェントは人間の代わりになるか」を参照）。この技術により、エージェント同士が協調して動作し、複雑なプロジェクトにおける作業分担が自動的に行われるようになる。

　このようなシステムは、大規模な開発プロジェクトにおいて特に有効であり、チーム全体の生産性を飛躍的に向上させる可能性がある。

▎結　論

　ソフトウェア開発エージェントは、人間のエンジニアを完全に代替するには至っていないが、潜在的に開発プロセスを大きく変革する力を秘めている。ただし、現時点では、人間のエンジニアとAIエージェントが協調して働くハイブリッドな開発環境が最も効果的であると考えられる。

　人間のエンジニアには、AIエージェントを効果的に活用しつつ、創造性、問題解決能力、倫理的判断力などの人間ならではの強み

92　第 2 章　テクノロジー編

を発揮することが求められる。当面はAIエージェントを適切に活用できるエンジニアが、そうではないエンジニアを代替していくことになるだろう。

2.3

オープンソース基盤モデルは
クローズドソースに取って代わるか

生成AIの中核を担う大規模言語モデルやマルチモーダル
AIモデルは、これまでOpenAI、グーグル、アンソロピッ
クなどの企業が提供するクローズドソースモデルが市場
を主導してきた。しかし、近年オープンソースモデルが
急速に進化し、一部では性能面でクローズドソースモデ
ルを凌駕するケースも出てきており、注目を集めている。

オープンソースモデルの台頭とその背景

　オープンソースモデルの性能向上は、2023年以降急速に進展し
ている。メタが開発したLlaMAシリーズや、アレン人工知能研究
所（Allen Institute for Artificial Intelligence：Ai2）が開発を進めてい
るMolmoシリーズがその代表例である。

① Llama3.1

　Metaが2024年7月にリリースしたLlama3.1ファミリーの中で
も注目されているのが、オープンソースモデルとして史上最大規

94　第2章　テクノロジー編

模となる4050億のパラメータを持つ「Llama 3.1 405B」である。幅広い言語の150を超えるベンチマークデータセットを用いた性能評価では、さまざまなタスクでOpenAIのGPT-4、GPT-4o、アンソロピックのClaude 3.5 SonnetなどのクローズドソースのLLMと遜色ない結果を示している。

② Molmo

2024年9月に公開されたMolmoは、アレン人工知能研究所によって開発されたマルチモーダルAIモデルである。この研究所は、2014年にマイクロソフトの共同創設者であるポール・アレン氏によって設立された非営利の研究機関である。

720億のパラメータを持ち、Molmoファミリーの中で最も性能が高い「Molmo-72B」は、1兆を超えるパラメータを持つと推定されるOpenAIのGPT-4oに匹敵する性能を示している。また、グーグルのGemini1.5 ProやClaude 3.5 Sonnetなどの最先端のクローズドソースモデルを上回る性能を発揮している。

さらに、70億パラメータの小規模なモデルでも、GPT-4V（画像や音声にも対応したマルチモーダルモデル）に対抗する性能を示している。

これまでであれば、GPT-4oやGemini 1.5 Proなどクローズドソースモデルの性能が圧倒的に高かったが、Llama3.1やMolmoはオープンソースでありながらもクローズドソースモデルに肩を並べており、AIの民主化と技術革新の加速に貢献しているといえる。

オープンソースモデルの強みと課題

オープンソースモデルの大きな強みは、透明性とコミュニティの支援である。コードやデータセットが公開されているため、利用者がモデルの動作やトレーニングデータを検証できるという点で、透明性が高く、信頼性を確保しやすい。さらに、多様なコミュニティが関与することで、世界中のさまざまな言語や文化に対応したモデルが開発されやすくなる。

また、一般的に無料で使用可能で、初期コストが低いという広く知られたメリットのほか、ライセンスの自由度が高く、自社での運用やカスタマイズが容易で自由に改変できるため、特定のニーズに合わせてカスタマイズしたり、トレーニングし直したりできる。

もちろん、課題も存在する。自社でセキュリティやコンプライアンスの管理を行う必要があるため、特に機密性の高いデータを扱う場合は、クローズドモデルに比べて負担が大きくなる可能性が高い。また、オープンソースの利用に際しては、コミュニティによるサポートやドキュメントに頼ることが多く、商用サポートがない場合は、オープンソースの開発に習熟した経験豊富なエンジニアなど自社でのリソース確保が必要になる。

クローズドソースモデルの強みと課題

クローズドソースモデルの大きな強みは、企業が提供するサポートやエンタープライズ向けサービスである。これには、モデル

のパフォーマンスを最適化するための継続的な支援や、運用時の
トラブルシューティング、セキュリティ、スケーリングのサポー
トなどが含まれる。

　また、クローズドソースモデルではユーザー側でのカスタマイ
ズは制限される場合が多いが、その分、モデルのメンテナンスや
アップデートが提供元により保証される。この点は運用面でのメ
リットになる。

　一方で、そのコストの高さが導入の障壁となることも多い。特
に、潤沢な予算を確保できない中小企業や研究機関にとっては、
継続的な費用の捻出は難しいことがある。また、クローズドソー
スモデルは、その仕組みやトレーニングに使用したデータセット
が公開されていないため、透明性に欠けるという批判を受けるこ
ともある。

テクノロジー企業の思惑

　オープンソース、クローズドソース、それぞれのAIモデルを提
供する企業の立場から見ると、各社の事業モデルの違いがAIモデ
ルへのアプローチの違いに反映されている。

　たとえば、メタは主要な収益源が広告ビジネスであり、大規模
なクラウドサービスを提供していない。このビジネスモデルを背
景に、メタは積極的にLLMをオープンソースとして公開する戦略
を取っている。この戦略には複数の目的があると考えられる。

①競争力強化とエコシステムの形成

　商用利用に制限を設けず、開発者や企業が自由にLlamaを使え

るようにすることで、Llama をベースとした、さまざまなアプリケーションやツールが生まれる。これにより、メタはAI技術分野で強い影響力を持ち続け、技術的な標準やフレームワークを形成するリーダーシップを発揮できる可能性がある。

②AI研究の民主化とイノベーションの促進

AI技術へのアクセスを大学、研究機関、中小企業、個人開発者など幅広いコミュニティに提供することで、AIの研究開発の民主化を推進し、イノベーションを加速させる。

③LLMの開発コストとリソースのシェア

オープンソース化により、他の企業や研究者が自らの環境でLlama を改良し、最適化することで、そのコストや負担がメタ一社に集中せず、全体として分散化される。また、オープンソースコミュニティによって Llama が改良されることで、新しい技術や最適化手法が生まれ、メタはその恩恵を享受できる。

④商用利用からの間接的な利益

オープンソース化したソフトウェア自体は無償で提供されるが、エンタープライズ向けサービスやクラウドインフラの利用といった形で間接的な収益が期待できる。Llama を利用する企業や開発者がクラウドプラットフォームや追加サービスをメタのエコシステム内で利用することで、最終的にはメタに収益がもたらされる可能性がある。

一方、マイクロソフトやグーグルは、大規模なクラウドビジネ

スを展開しており、これと密接に結びついたクローズドソースの
LLMの提供に注力している。これらの企業にとって、高性能なAI
モデルは付加価値の高いクラウドサービスとして重要な収益源と
なっている。

　万が一、自社のLLMが競争力を持たなくなった場合でも、他社
のLLMをAPIとして統合することで、クラウドビジネスを維持で
きる。実際に、これらのクラウドプロバイダは、自社開発のLLM
だけでなく、複数のLLMを選択肢として提供し始めている。

新たな差別化要因

　オープンソースモデルとクローズドソースモデルの性能差が縮
まる中、モデルの性能だけではなく、その他の要素が重要な差別
化要因となる可能性が高い。たとえば、以下のような要素である。

①データの質と専有性

　モデルのトレーニングに使用するデータの量ではなく、データ
の質や専有性が重要な差別化要因となる。クローズドソースモデ
ルが独自のデータセットを活用してトレーニングされることで、
金融や医療などの特定の分野や業界でより優れた精度や知識を提
供できる可能性がある。

②モデルの最適化と推論速度

　クローズドソースモデルは推論速度の最適化や特定のハードウ
ェアに最適化されたモデルを提供することで、新たな差別化要因
を生む可能性がある。特に、商用利用においてリアルタイム処理

2.3　オープンソース基盤モデルはクローズドソースに取って代わるか　**99**

の高速化やエネルギー効率の向上が求められる分野で重要になる。

③カスタマイズと制御

専門知識がなくてもモデルを容易にチューニングできるかどうかが、新たな競争軸となる。これは、自動カスタマイズツールやファインチューニングのプラットフォームの進化によって実現すると期待される。

④規制対応や法的要件への適合

EUのAI Actなどの今後の規制対応や法的要件への適合が、新たな差別化ポイントとして重要になる。オープンソースモデルは透明性の面で強みを持っていたが、クローズドソースモデルが独自の説明可能性やバイアス修正の機能を強化することで、企業向けに信頼性の高いソリューションを提供できる可能性がある。

結 論

オープンソース基盤モデルは、急速な性能向上と独自の利点により、クローズドソースモデルと肩を並べる存在となりつつある。両者はそれぞれ強みを持っているが、今後はデータ品質や規制対応、さらにモデルの運用効率といった側面がより重要な競争要因になるだろう。

ただし、完全に一方が他方に取って代わるのではなく、利用者のニーズや目的に応じてオープンソースとクローズドソースのモデルが共存し、異なる領域で互いに補完し合い、AI技術全体の発展を牽引していくと考えられる。

2.4

LLM自動ルーティングで
コストは削減できるか

ChatGPTの登場当初とは異なり、オープンソースも含めてさまざまなLLM(大規模言語モデル)が登場している。コストを無視できれば、高性能かつ高コストのLLMを常に使用すればよいが、現実にはそうはいかない。こうした中、クエリ(処理要求)に応じて最適なモデルを選択し、コストとパフォーマンスのバランスを取る「LLM自動ルーティング技術」が注目されている。

LLM自動ルーティングとは

LLMの選択は単純ではない。強力なモデルは優れた品質を提供するが、コストと速度の面で効率が悪いことが多い。一方で、小規模なモデルは安価で高速だが、複雑なクエリに対しては不十分な結果を生む可能性がある。多くの企業は、管理を簡素化するために単一のモデルを選択する傾向にある。しかし、この方法では柔軟性に欠け、すべてのタスクに対して最適なパフォーマンスを発揮できない可能性がある。

LLM自動ルーティングは、このようなジレンマを解決するため、複数のLLMを組み合わせ、タスクの複雑さや要求される品質に応じて複数のLLM間でクエリを自動的にルーティングし、各クエリに対して最適なモデルを動的に選択する手法である。この方法により、コストを抑えつつ高品質な出力を維持することが可能になる。

主要な技術/製品動向

　現在、いくつかの技術や製品がLLMの自動ルーティングを実現している。これにより、適切なモデル選択が容易となり、企業はより効率的なコスト管理が可能になる。以下に代表的な技術やプロダクトを紹介する。

①RouteLLM

　RouteLLMは、クエリの内容に応じて最適なLLMを選択するオープンソースのフレームワークである。このシステムでは、簡単なクエリには低コストのモデルを、高度なクエリには高性能のモデルを使用することで、最大85%のコスト削減が可能だとしている。ルーターはクエリの難易度に基づいてモデルを動的に切り替え（図表2-3）、コスト効率を最大化することができる。

②FrugalGPT

　スタンフォード大学の研究チームが提案するFrugalGPTは、LLMの逐次的な呼び出しによりコストを最適化するアプローチである。この技術は、まず安価なモデルを使用し、その結果が不十

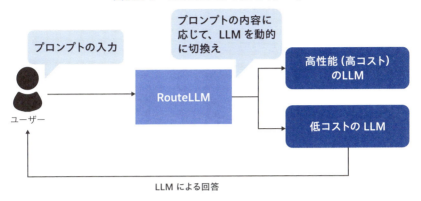

図表2-3　RouteLLMの処理イメージ

分であれば次に高価なモデルを使用するという仕組みを採用している。これにより、クエリごとのコストを大幅に削減しつつ、必要な品質を維持することが可能である。FrugalGPTは、特定のデータセットにおいて最大98.3%のコスト削減を実現したと報告している。

③ Martian

Martianは「モデル・ルーター」と呼ぶ、個々のクエリをリアルタイムで最適なLLMにルーティングするツールを提供している。同社では、「個々のプロバイダよりも高いパフォーマンスと低コストを実現する」と謳っており、LLMの性能や信頼性を評価するためのフレームワーク「openai/evals」では、タスクの91.8%でGPT-4を上回り、コストは20%削減されたと発表している。

④ Not Diamond

Not DiamondもMartian同様に、コストとレイテンシ（遅延）のメ

リットを同時に提供しながら、クエリを最も正確に処理できるモデルに自動誘導するルーターを提供している。

同社では、まず、質問への回答からコーディング、推論まで、さまざまなLLMのパフォーマンスを評価する大規模なデータセットを構築する。そして、このデータセットを使用して、特定のクエリに応答するのに最も適したLLMを決定するランキング・アルゴリズムをトレーニングすることによって、このルーターを開発したという。

同社の顧客であるSamwell AIは、このルーターの採用によってLLMの出力品質を10%向上、推論コストとレイテンシの10%削減を確認したという。

LLM自動ルーティングの仕組み

先に説明した4社のアプローチは必ずしも同じではないが、LLM自動ルーティングの仕組みを簡単に説明すると以下の通りとなる。

①タスクの複雑性の評価

入力されたクエリやタスクの複雑さを評価する。これには小規模な専用モデルやルールベースのシステムが使用されることが多い。

②モデルの選択

評価結果に基づき、最適なモデルを選択する。FrugalGPTの場合、コストの低いモデルから順に呼び出して処理を試み、結果が

不十分な場合、より高性能なモデルへ処理を移す。RouteLLMの場合は事前に学習されたルーターモデルを使用して、最適と予想するモデルを選択する。

③出力品質の判定

LLMの出力を評価するための別モデル（例：DistilBERT）を用意する。このモデルが、各LLMの出力が満足のいくものかどうかを判断する。

④継続的な学習と最適化

ルーティングの精度を向上させるため、システムは継続的に学習を行う。ユーザーフィードバックや処理結果のログを活用し、ルーティングアルゴリズムを最適化する。

現状の課題

LLM自動ルーティングには多くの利点がある一方で、以下のような課題も存在する。

①コストとパフォーマンスのトレードオフ

クエリに最適なモデルを選ぶ際、必ずしもコスト削減とパフォーマンス向上が両立するわけではない。特に、特定の分野では高い精度が求められるため、コスト削減が難しい場合もある。

②モデル間の互換性

異なるプロバイダのモデルを組み合わせる際の入出力フォーマ

ットの統一が必要である。

③レイテンシ

複数のモデルを順次呼び出す場合、全体の処理時間が増加する可能性がある。

④プライバシーとセキュリティ

複数のモデルやプロバイダを利用することによって、データ漏洩リスクが増大する恐れがある。

結論

LLM自動ルーティングは、今後ますます多様化するAIモデルの世界でクエリごとに最適なモデルを選択することによって、コスト削減とパフォーマンス向上の両立を目指す技術である。一方で、この技術はまだ発展途上にあり、さまざまな課題も存在する。特に、複数のモデルを組み合わせることによる複雑性の増大や、プライバシー・セキュリティリスクの管理は重要な検討事項である。

ただし、今後、これらの課題を克服できれば、LLM自動ルーティングはLLM活用の効率化において重要な役割を果たす可能性が高い。

2.5

エヌビディア対抗の
AIチップは現れるか

AIチップ市場はエヌビディアが圧倒的な支配力を持ち、その地位を揺るがす者はほとんど存在しなかった。しかし、その状況は少しずつではあるが、変わりつつある。グーグル、マイクロソフト、メタ、AWSなどの大手テクノロジー企業が独自のAIチップ開発に力を入れる一方、新興企業も次々と台頭している。

エヌビディアの圧倒的シェアとその影響

AIチップ市場では、データセンター向けのGPU（Graphics Processing Unit）が主流であり、エヌビディアの市場シェアは90％以上と圧倒的である。同社のGPUは、AIモデルのトレーニングや推論において高い汎用性と性能を提供していることや、AIフレームワークとの優れた互換性により、多くの企業や研究機関から支持を得ており、業界標準として広く採用されている。特にディープラーニングの分野では、GPUを活用して並列計算を行うための包括的なソフトウェア開発環境/ツール群であるCUDA（Compute

Unified Device Architecture）エコシステムが事実上の標準となっており、これが同社の市場支配力をさらに強化している。

　しかし、このエヌビディアの支配的な状況には以下のような課題も存在する。

（1）供給不足：急増するAI需要に対し、GPUの供給が追いついておらず、多くの企業がAIプロジェクトの遅延を余儀なくされている。

（2）高コスト：独占状態による価格の高騰も懸念される。エヌビディアのハイエンドGPUの価格は年々上昇しており、多くの企業や研究機関にとって大きな負担となっている。

（3）特定アーキテクチャへの依存：エヌビディアのGPUアーキテクチャに過度に依存することは、AI開発の多様性を制限し、長期的にはAIの進化を阻害する要因となる可能性がある。

　このような状況下で、大手テック企業は独自チップの開発を推進しているほか、より効率的でコストパフォーマンスの高いソリューションの提供を目指すスタートアップが続々と台頭している。

独自AIチップの開発を進める大手テック企業

　グーグルやマイクロソフト、メタ、AWSといった大手テクノロジー企業は独自AIチップの開発を進めている。これらの企業は、自社のクラウドプラットフォームで提供、あるいはデータセンターで使用するAIサービスの効率を高めるために、専用のチップを設計し、その開発力を背景に市場での競争力を強化しようとして

いる。

たとえば、グーグルは「Tensor Processing Unit（TPU）」を開発し、クラウドプラットフォームであるGoogle Cloudを通じて提供している。TPUは、AIモデルのトレーニングや推論において高い効率性を誇り、特に大規模言語モデルのトレーニングでその力を発揮している。

また、マイクロソフトも同社のクラウドサービス「Microsoft Azure」向けに最適化した独自開発のAIチップ「Microsoft Azure Maia 100 AI Accelerator（Maia 100）」を2023年11月に発表している。これは、AIワークロード、特にOpenAIのAIモデルの稼働に最適化して設計しており、エヌビディアのGPUに比べて低価格だという。

新興企業の挑戦：特化型チップによる差別化

大手テック企業が、自社のクラウドサービスやプロダクトに最適化したAIチップを開発しているのに対して、スタートアップは特定の用途やアーキテクチャに特化したAIチップを開発する傾向にある。

特に注目されているのが、用途特化型のASIC（Application Specific Integrated Circuit：特定用途向け集積回路）を開発するスタートアップである。これらの企業は、AIの学習、または推論に特化したチップを開発し、GPUの汎用性に依存しない独自のアプローチを提案している。

2.5　エヌビディア対抗のAIチップは現れるか　　**109**

①Graphcore：AIプロセッサの新たな可能性

英国の新興企業Graphcoreは、独自のAIプロセッサ「IPU（Intelligence Processing Unit）」を開発している。IPUは、In-Processor Memory技術を採用し、メモリーアクセスの高速化を実現している。

Graphcoreの特徴は、AIワークロード専用に設計されたアーキテクチャにある。これにより、特定のAIタスクにおいてエヌビディアのGPUを上回る性能を発揮する。たとえば、自然言語処理タスクにおいては、IPUはGPUよりも高いスループットを実現している。

2024年7月にはソフトバンクグループによる買収が発表されたことで、日本でも注目を集めている。ソフトバンクグループから大規模な投資を受けることで、エヌビディアに対する競争力を高める機会を得たといえる。GraphcoreのCEOであるNigel Toon氏は、「市場をリードするエヌビディアと競争するために必要な投資レベルが今や手の届くところにある」と述べており、今後の展開が注目される。

②Groq：推論処理に特化

Groqは、元グーグルのTPU開発者が立ち上げた企業で、「LPU（Language Processing Unit）」と呼ばれる、大規模言語モデルの推論に特化したチップを開発している。

Groqの特徴は、その驚異的な処理速度にある。たとえば、Llama2 70Bモデルで1秒間に300トークンを生成できるなど、従来のGPUを大きく上回る性能を示している。この高速性は、言語

110　第2章　テクノロジー編

モデルの推論処理に最適化したハードウェア設計によって実現されている。

Groqのアプローチは、AI市場におけるニッチ戦略の好例といえる。大規模言語モデルの推論に特化することで、この分野での圧倒的な性能優位性を確立している。

③Cerebras Systems：ウェハースケールエンジンの挑戦

Cerebras Systemsは、「ウェハースケールエンジン」という革新的なアプローチを採用している。通常、半導体チップは円形のシリコンウェハーから複数の小さなチップを切り出して作るが、Cerebrasはウェハー全体を1つの巨大なチップとして使用する。

この方式により、従来のエヌビディアのGPUと比較して、面積で50倍以上、搭載できるコア数で100倍以上、メモリー容量でギガバイトからテラバイトレベルへと大幅に増やすことができる。これにより、大規模なAIモデルの学習や推論において、優れた性能を発揮できる。

2024年初めには、アブダビの技術コングロマリットG42と1億ドル規模の契約を締結し、大規模なAIスーパーコンピュータネットワークの構築を開始した。この契約は、Cerebras Systemsの技術力が実際のビジネスにおいても評価されていることを示している。

④Etched：トランスフォーマーモデルに特化した革新

Etchedは、トランスフォーマーモデルに特化した「Sohu」チップを発表し、注目を集めている。Sohuは、エヌビディアのGPU「H100」と比較して20倍高速かつ低コストで動作すると主張して

いる。

　Etchedのアプローチは、トランスフォーマーの処理特性に合わせてハードウェアを最適化するというものだ。これにより、トランスフォーマーモデルの処理において、従来のGPUが計算リソースの30％程度しか有効に稼働させられていなかったのに対し、90％以上の稼働を実現しているという。

⑤OpenAI：独自チップ開発で市場に参入

　詳細は明らかになっていないが、OpenAIも独自のAIチップの開発を検討しているとされる。2024年7月には世界5位の半導体メーカーであるBroadcomとの間で新しいチップ開発に関する協議を進めていることが報じられている。この動きはエヌビディアへの依存度を下げ、サプライチェーンを強化する取り組みの一環であり、AIモデルの運用に必要な部品やインフラの供給を増強することを目的としている。

新興ベンダーのアプローチの利点と課題

　新興ベンダーの多くは、特定のAIワークロードに特化したチップ設計を採用している。これにより、以下のようなメリットがあると考えられる。

（1）高い処理効率：特定の処理に最適化することで、汎用GPUよりも高い効率を実現できる。たとえば、Groqの言語モデルの推論処理や、Etchedのトランスフォーマー処理などが挙げられる。
（2）低消費電力：必要な処理に特化することで、消費電力を抑え

112　第2章　テクノロジー編

られる。これは、大規模データセンターの運用コストや環境負荷の軽減につながる。

（3）コスト効率：特定用途に絞ることで、開発・製造コストを抑制できる。長期的には、AIの導入・運用コストの低減に寄与する可能性がある。

（4）新たな可能性の開拓：従来のGPUでは困難だったAIアプリケーションの実現が可能になる。たとえば、Cerebras Systemsのウェハースケールエンジンは、これまでにない規模のAIモデルの学習を可能にする。

　一方で、こうした新興ベンダーのアプローチには以下のような課題も存在する。

（1）汎用性の低さ：特定のAIモデルやアーキテクチャに最適化し過ぎると、他のタイプのAIワークロードで効率が低下する可能性がある。これは、急速に進化するAI技術への対応という点で大きな課題となる。

（2）技術の陳腐化リスク：AIの急速な進化に対し、ハードウェアの開発サイクルが追いつかない恐れがある。特に、特定のAIアーキテクチャに特化したチップは、そのアーキテクチャが主流でなくなった途端に価値を失う可能性がある。

（3）エコシステムの構築：ソフトウェアスタックやツールチェーンの整備が必要となる。エヌビディアのCUDAエコシステムのような充実した開発環境を提供できるかどうかが、新興ベンダーの成功の鍵を握る。

（4）資金調達と量産化：高性能AIチップの開発には莫大な資金が

必要となる。また、設計したチップを量産化し、安定供給する体制の構築も大きな課題となる。

今後の展望

　今後、AIチップ市場はさらに多様化していくと予想される。エヌビディアのGPUが依然として主流である一方、特定用途に特化したASICの需要も増加するだろう。また、グーグルのTPUやマイクロソフトのMaia 100など、大手テック企業による独自チップの開発も進んでいる。

　この多様化は、AIアプリケーションの多様化にも対応している。たとえば、データセンターではなく、デバイス側で推論などの処理を実行する「エッジAI」の普及に伴い、低消費電力で高性能なAIチップの需要が高まっている。

　エッジAIに限らず、AIの普及に伴う消費電力の増大が懸念されていることからも、より効率的なAIチップの開発は必要不可欠であろう。アナログコンピューティングやニューロモーフィックコンピューティングなど、新たな計算パラダイムを採用したチップの開発も進んでいる。これらの技術は、現在のデジタル方式と比較して桁違いに低い消費電力でAI処理を実現する可能性を秘めている。環境負荷の低減は、今後のAIチップ開発における重要なテーマとなる。

結　論

　エヌビディアの支配的地位は今後も続く可能性が高いが、競合の台頭によって市場は多様化し始めている。大手テック企業の独

自チップ開発や、新興企業の特化型アプローチは、特定用途にお
いてエヌビディアのGPUに対抗し得る可能性がある。しかし、エ
コシステムの構築や技術の陳腐化リスクなどの課題も残されてお
り、これらの要素がどのように克服されるかが、AIチップ市場の
将来を左右するだろう。

2.6

小型言語モデル（SLM）の台頭

これまでOpenAI、グーグル、アンソロピックなどが開発にしのぎを削り、生成AIの性能向上を牽引してきたLLM（大規模言語モデル）に代わり、SLM（Small Language Model:小型言語モデル）が注目を集めている。ここでは、SLMが注目される背景や特徴、そして今後の展望について解説する。

LLMの限界とSLMへの期待

　LLMはその圧倒的な性能で生成AI革命を牽引してきたが、同時にいくつかの課題も浮き彫りにした。LLMの訓練には膨大なデータと計算リソースが必要であり、その開発と運用コストは莫大なものになるほか、大量の電力も必要となる。また、モデルのサイズが大き過ぎるため、スマートフォンやPCなどのデバイス上での直接利用が困難である。そのため、クラウドにデータを送信する必要があり、機密性の高いデータを扱う業界ではデータのプライバシーやセキュリティに対する懸念も強まっている。
　一方、SLMはこれらの課題に対する解決策として注目されてい

る。SLMはLLMに比べてパラメータ数が少なく、たとえば、OpenAIのGPT-4が1兆8000億のパラメータを持つと推測されるのに対し、SLMは数億から数十億程度のパラメータ数で構成される。電力消費を大幅に削減できるため、環境に配慮したAI技術としても注目されている。

SLMは特定の分野や業務に特化して設計されることが多く、特定のユースケースにおいてはLLMと同等、あるいはそれ以上の性能を発揮する。小規模であるがゆえに、学習や運用にかかるコストが低く、モバイルデバイスなど比較的小さなハードウェアでも動作可能である。また、クラウドにデータを送信する必要がなく、データのプライバシー保護にも優れているという利点がある。

SLM市場の概況

SLM市場にはこれまでLLMの開発競争をリードしてきたOpenAIやグーグル、マイクロソフトのほか、やや出遅れていたと思われていたアップルも参入し、新たな競争が始まっている。さらに、莫大なトレーニングコストが必要になるLLMの開発では大手テック企業に太刀打ちできないスタートアップもSLMの開発に活路を見出し、続々と参入を開始している。

①OpenAI：GPT-4o mini

2024年7月に発表された「GPT-4o mini」は、LLMであるGPT-4oを小型化したモデルである。低コストでありながら高い性能を誇るが、出力品質はGPT-4oよりもやや劣る。APIの利用料はGPT-4oの約30分の1と安価で、多くの企業や開発者にとって魅力的な

2.6　小型言語モデル（SLM）の台頭　**117**

選択肢となっている。GPT-4o miniは、発表時点でテキストと画像の入出力に対応しており、将来的には音声やビデオにも対応予定となっている。

②マイクロソフト：Phi-3シリーズ

マイクロソフトは2024年4月、「Phi-3」と呼ばれるSLMファミリーを発表した。Phi-3は38億のパラメータを持つ「Phi-3-mini」から140億のパラメータ数を持つ「Phi-3-medium」などから構成され、GPT-3.5の100分の1のサイズながら、言語、数学、コーディング等の分野で優れたパフォーマンスを示している。ユーザーはニーズに応じて最適なモデルを選択できる。

③グーグル：Gemmaシリーズ、Gemini Nano

グーグルは2024年2月、同社のLLM「Gemini」と同じ技術を使用して開発したSLM「Gemma」を発表した。20億パラメータと70億パラメータの2つのモデルが用意され、ラップトップやデスクトップでも動作する。2024年6月には第二世代の「Gemma 2」を90億パラメータと270億パラメータの2サイズで展開することを発表したほか、同年7月には20億パラメータ版（Gemma 2 2B）も発表した。Gemma 2 2Bは、パラメータ数が10倍以上の3500億とされるGPT-3.5や700億のLlama 2のパフォーマンスを上回ったと主張している。Gemmaシリーズはオープンモデル（≠クローズドモデル）であることも特徴で、グーグルの公式サイトから誰でも自由にダウンロードして商用利用も可能である。

グーグルは、クローズドモデルであるGeminiシリーズでは「Gemini Nano」というSLMも展開している。Gemini Nanoは、ラ

ップトップよりもさらにリソースの限られたモバイルデバイスに特化したモデルで、グーグルのスマートフォン「Pixel 8」に搭載されている。

④アップル：OpenELM

アップルの研究者らは2024年4月、オープンな言語モデル「OpenELM」(ELMはEfficient Language Model＝効率的な言語モデルの略)をHugging Faceで公開した。パラメータ数の異なる4つのモデル(2.7億、4.5億、11億、30億)が用意されており、iPhoneやiPadなどのアップルのスマートフォンやタブレットでも動作する軽量モデルであることが最大の特徴である。

⑤Hugging Face: SmolLM

AIの開発や研究に役立つツールやデータセット、ライブラリを提供するプラットフォームを運営しているHugging Faceは「SmolLM」という新たなSLMファミリーを2024年7月にリリースした。

SmolLMは1.35億、3.6億、17億パラメータの3種類のモデルで構成され、オープンソースで提供されているため、商用利用に制限がなく、手軽に利用できる。SmolLMは、特にモバイルデバイスなどのエッジデバイスでの利用を念頭に設計されており、低リソース環境でも高いパフォーマンスを発揮する。

⑥Sakana AI

Sakana AIは、グーグル・ブレインの日本部門統括を務めたデビッド・ハー氏と、生成AIの爆発的な普及につながった「トランスフ

ォーマー」論文の共同執筆者であるライオン・ジョーンズ氏が2023年7月に共同で設立した。東京に拠点を置き、日本語に特化した独自のSLM開発に取り組んでいる。エヌビディアから大規模な出資を受けているほか、2024年9月には、三菱UFJフィナンシャル・グループや伊藤忠グループ、KDDI、野村ホールディングスなど日本を代表する各業界のリーディングカンパニーからも出資を受け、シリーズAで合計約300億円を調達し、ユニコーン（企業価値10億ドル超の未上場企業）企業入りを果たしている。

同社は大量データを利用してゼロから巨大パラメータのLLMを生み出すのではなく、すでに存在するオープンソースのモデルを組み合わせて新モデルを生み出していくというユニークな手法を開発したことで注目を集めている。

⑦ Sarvam AI

Sarvam AIは、2023年に設立されたばかりのインド発の生成AIスタートアップである。インド市場のニーズに応えるため、「OpenHathi-Hi-0.1」と呼ばれるヒンディー語に対応したオープンソースの言語モデルをリリースしている。同社のSLMはメタのLlama 2（70億パラメータ）をベースに開発されており、さまざまなヒンディー語タスクでGPT-3.5と同等か、それ以上のパフォーマンスを示している。

⑧ Arcee AI

2023年9月に設立されたArcee AIは、金融、法律、医療、教育など、センシティブなデータを扱う特定業界向けのSLMと、企業が独自のSLMを作成するためのツールを提供している。

たとえば、金融業界向けの「Llama-3-SEC」というSLMは、その名前からもわかるようにメタの「Llama 3（700億パラメータ）」をベースに開発されており、金融業界の専門家や投資家、研究者の利用を想定している。

SLMの分類

SLMは、その用途や特徴に応じて以下のように分類することができる（図表2-4）。

①汎用型SLM

- 特徴：幅広いユースケースに対応できる汎用性を持つ。カスタマイズが容易で、複数の業界で利用可能。
- 代表例：OpenAIのGPT-4o mini、Microsoft Phi-3、Google Gemma

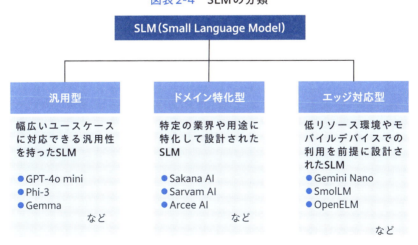

図表2-4　SLMの分類

②ドメイン特化型SLM

- 特徴: 特定の業界や用途に特化して設計されたモデル。高い精度と専門性を持ち、特定の業務で優れた性能を発揮する。
- 代表例: Sakana AI（日本語特化）、Sarvam AI（インド市場向け）、Arcee AI（金融、法律など特定業界向け）

③エッジ対応型SLM

- 特徴: 低リソース環境やモバイルデバイスでの利用を前提に設計されたモデル。効率性とコストが重視される。
- 代表例: グーグルのGemini Nano、Hugging FaceのSmolLM、AppleのOpenELM

SLMの利点と課題

　SLMには多くの利点があるが、同時にいくつかの課題も存在する。まず、SLMの最大の利点は、その効率性とコスト効果である。LLMに比べて計算リソースの消費が少なく、トレーニングコストも低いため利用しやすい。また、特定のタスクに特化して設計されているため、高い精度と性能を発揮することができる。

　一方で、SLMにはいくつかの制約もある。パラメータ数が少ないため、大規模な知識を内包することが難しく、広範な知識が必要なタスクにおいては限界がある。また、特定の業界や用途に特化しているため、汎用性には欠けることがある。さらに、モデルの規模が小さい分、誤った回答を生成するハルシネーションのリスクが高まる可能性もある。

こうしたSLMの特性を踏まえると、今後はSLMとLLMを組み合わせて使用する「ハイブリッドアプローチ」が主流になると予想される。つまり、SLMがLLMに取って代わるということではなく、両者は補完関係にあるということである。

たとえば、マイクロソフトではすでに、LLMが特定の質問をSLMへ振り分け、複雑な質問のみをLLMが処理するという「モデルポートフォリオ」を社内で活用しているという。

結　論

SLMは、AI技術の新たな方向性を示している。SLMの台頭は、効率性、コスト効果、そして環境への配慮を重視する現代のAIニーズに応えるものであり、「大きければ大きいほど良い」という考え方に変化が訪れているといえるだろう。

SLMはLLMとは異なる価値を提供する存在であり、今後、AIの利用者は、LLMとSLMのそれぞれの長所と短所を理解し、適切に使い分けていく必要がある。SLMはエッジデバイスでの利用を中心に、プライバシーを重視する用途など、ますます広範な分野で活用されることが予想される。SLMの時代は始まったばかりであり、その進化と応用の広がりに今後も注目が集まるだろう。

2.7

ハルシネーションはなくせるか

大規模言語モデル（LLM）の発展は目覚ましく、さまざまな分野で革新をもたらしている。しかし、LLMには当初から指摘されてきたように「ハルシネーション」と呼ばれる重大な問題が存在する。ハルシネーションは、AIが事実に基づかない情報を生成する現象であり、これは特に信頼性が重要な分野で問題となる。

具体例と影響

ハルシネーションの具体例としては、ChatGPTが実在しない学術論文を引用したケースや「オーストラリアの市長が贈収賄スキャンダルで有罪を認めた」という虚偽の情報を生成し、訴訟騒ぎに発展したケースなどがある。

これらの誤った情報は、単に不正確であるだけでなく、法的問題や社会的混乱を引き起こす可能性がある。特に医療や金融など、正確性が極めて重要な分野では、ハルシネーションは深刻な問題となる。

ハルシネーションの原因

　ハルシネーションの発生は、LLMが本質的に統計的な予測モデルであることに起因している。LLMは膨大なデータから単語の出現パターンを学習したり、文脈的なパターンを捉えたりして、与えられた文脈に対して次に来る確率が最も高い単語やフレーズを予測してテキストを生成する。このため、学習データにない情報に基づいて推論を行う場合、不正確な結果を生成することがある。これがハルシネーションの根本的な原因の一つである。

ハルシネーション対策の変遷

　ハルシネーションを軽減するため、これまでもさまざまな対策が試みられてきた。代表的な手法としては次のようなものがある。

①外部データの統合による事実確認

　LLMが独自に情報を生成するのではなく、信頼できるデータベースやウェブからリアルタイムで情報を取得し、それに基づいて応答を生成する。これにより、モデルが誤った推測を行うリスクを減らし、より正確な情報を提供することが可能になる。RAG（Retrieval-Augmented Generation）はこの手法の一例であり、外部データを参照しながら回答を生成することができる。

②自己検証

　自己検証は、LLMが自身の生成した出力の信頼性を再評価する

手法である。モデルが自ら生成内容をチェックし、事実に基づいていない部分を認識して「不確か」や「わからない」と答えることができる。この手法は、モデルが誤った情報を生成してしまうリスクを減らす一方で、すべての不正確な情報を防げるわけではない。

③ファインチューニング

特定の分野や業界に特化したファインチューニングも有効な手段である。たとえば、医療や法務の分野で専門データを用いてモデルを再訓練することで、一般的なデータで訓練されたLLMよりも正確な情報を提供できる。このアプローチにより、モデルの精度が特定のドメインで向上し、ハルシネーションの発生を抑える効果が期待されている。

④人間による監視

ハルシネーションを完全に防ぐことが難しいケースでは、人間による監視（Human-in-the-Loop）が重要な役割を果たす。特に医療や金融の分野では、AIが生成した結果を人間が最終的に確認し、誤情報が出力されるリスクを低減する方法が採られることが多い。この方法は、自動化されたシステムに完全に依存せず、ハルシネーションを回避するための保険として機能する。

⑤モデルの不確実性認識

最後に、AIが自らの出力に対する不確実性を認識し、答えに自信がない場合に「不明」と回答する手法も試みられている。このアプローチでは、モデルが強引に誤った答えを提供するリスクが減

126 第2章 テクノロジー編

少するが、これも完全な解決策にはならない。

最新のハルシネーション対策

これまでの対策に加えて、近年登場したグラウンディング技術はハルシネーション問題に対して、さらなる進展をもたらしている。グラウンディングとは、LLMが生成する情報を外部の信頼できるデータと照合することで正確性を確保する技術である。以下では、このグラウンディング技術を活用した取り組みとして、共に2024年9月に発表されたグーグルの「DataGemma」とマイクロソフトの「Correction」について解説する。

グーグルの DataGemma

グーグルが開発したDataGemmaは、ハルシネーションを軽減するために設計された最新のグラウンディング技術であり、LLMを現実世界の統計情報に結び付けることでハルシネーションの抑制を目指す。具体的には、「Data Commons（データ・コモンズ）」と呼ばれる、健康、経済、人口統計、環境など幅広いトピックに関する信頼性の高い公開情報から構成される巨大なデータベースを活用し、LLMが生成した回答をデータ・コモンズの統計情報に基づいて検証・修正する。

DataGemmaでは、主な手法としてRIG（Retrieval-Interleaved Generation）とRAG（Retrieval-Augmented Generation）の2つが提案されている。前者は回答生成過程でデータ・コモンズから統計データを取得し、不正確な部分を正確なデータに置き換える。後者

2.7　ハルシネーションはなくせるか　**127**

は質問に回答する前にデータ・コモンズから関連情報を取得し、それに基づいて回答を生成する。これらの手法により、特に数値データや事実に基づく質問に対して高精度の応答を提供できる。RIGのケースでは、統計データの正確性が5% 〜 17%から58%に向上したという目覚ましい効果が報告されている。

　一方、参照するデータが限られている場合には適切な回答を得られないことも報告されている。たとえば、テスト質問の約75%でデータ・コモンズから使用可能なデータを取得できなかったという。また、RAGの場合でも6% 〜 20%の割合で誤った回答が生成されたということだ。

マイクロソフトのCorrection

　マイクロソフトのCorrectionは、有害なAI生成コンテンツを検出する「Azure AI Content Safety」の一部として提供されるもので、LLMによって生成された文章の中で事実と異なる可能性のある部分を自動的に特定し、信頼できる情報源と照合して修正を行う。従来の「フィルタリング」とは異なり、誤った情報を削除するのではなく、修正してユーザーに提供する点が特徴である（図表2-5）。ハルシネーションを検出して修正することでAIの信頼性を向上させることを目的としており、Correctionは広義のグラウンディング技術の一種と捉えられる。

　ただし、Correction機能自体が誤った判断をする可能性やAIの回答に対する過度の信頼を生み出す危険性なども指摘されており、グーグルのDataGemmaと同様に全幅の信頼を寄せられるものではないようだ。

図表2-5　マイクロソフトの「Correction」のイメージ

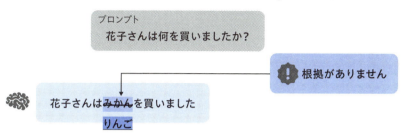

グラウンディング技術の限界

　グーグルのDataGemma、マイクロソフトのCorrectionのようなグラウンディング技術は、LLMの出力を既知の事実と照合することで生成AIの信頼性を向上させる。現時点でのハルシネーションの軽減には有効であるが、新しい情報や複雑な推論を要する場合には限界があり、完全な解決策にはならない。

　また、これらのアプローチはハルシネーションの根本的な原因に対処しているわけではない点にも注意が必要だ。なぜなら、生成AIモデルはそもそも「事実」を理解しているわけではなく、前述した通り、統計的に最も可能性の高い次の単語を予測しているに過ぎないからである。ハルシネーションは、こうした予測システムの本質的な性質に由来しており、いくら外部のデータで検証しても、AIが新たなコンテンツを生成する際に誤った情報が含まれる可能性はゼロにはならない。

　さらに、グラウンディングによる修正は、あくまでAIが参照するデータが正確な場合に限られる。参照するデータが欠如してい

たり、不十分であったりする場合には、修正が不可能であったり、誤った修正が行われる可能性もある。つまり、グラウンディングはAIが生成する出力の一部を改善する手法であっても、根本的にAIのハルシネーションを防ぐものではない。

結 論

　ハルシネーションは、現状のAIが抱える最も重要な課題の一つである。ここまで紹介してきた通り、さまざまなアプローチによってその影響を軽減する試みが進められている。とはいえ、現在のAIモデルの基本的な設計原理を考えると、ハルシネーションを完全に排除することは理論的にも実践的にも極めて困難である。

　しかし、継続的な研究開発と多層的なアプローチにより、その影響を最小限に抑えることは可能であろう。当面はAIの限界を理解しつつ、その潜在能力を最大限に活用する方法を模索していくことが重要になる。

2.8

AI検索で何が変わるのか

検索エンジンの進化は、インターネットの発展において重要な要素であり続けた。しかし、AI技術の急速な進化により、AIを活用した新世代の検索エンジンが次々と登場し、従来の検索エンジンの概念は大きく変わりつつある。

AI検索エンジンとは

AI検索は、従来の検索エンジンとは異なり、自然言語処理（NLP）や機械学習を活用してユーザーの検索意図をより深く理解し、より適切な検索結果を提供することを目指している。従来の検索エンジンが主にキーワードマッチングに依存していたのに対し、AI検索は文脈や意味を理解し、より柔軟で直感的な検索を可能にする。

AI検索の最大の特徴は、単なるウェブページへのリンクリストではなく、質問に対する直接的な回答や要約を生成する点にある。これにより、ユーザーは複数のウェブサイトを閲覧して情報を探す手間が省け、より効率的に必要な情報にアクセスできるように

なる。

　また、AIはユーザーの検索履歴や行動を学習し、パーソナライズされた結果を提供することもできる。このような特徴は、キーワードマッチングに依存していた従来の検索エンジンとは対照的である。

　従来の検索エンジンとの違いをまとめると以下のようになる。

（1）回答形式：従来の検索エンジンがリンクとスニペット（検索結果の一部として表示されるウェブページの要約文）のリストを表示するのに対し、AI検索は生成AIによる要約や直接的な回答を提供する。
（2）理解力：キーワードマッチングに主眼を置く従来型に比べ、AI検索はクエリの意味や文脈を理解し、より適切な結果を返す。
（3）対話性：多くのAI検索は、チャットボットのような対話型インターフェースを備えており、ユーザーは会話を通じて情報を掘り下げることができる。
（4）入力形式：テキスト入力に限定されていた従来型と異なり、一部のAI検索は音声や画像による検索にも対応している。
（5）学習能力：AI検索は、ユーザーの行動や新しいデータから継続的に学習し、性能を向上させていく。

主要なAI検索の概要と特徴

　近年、グーグルのほか、マイクロソフト、OpenAI、Perplexityなど、多くの企業が相次いでAI検索を開発・発表し、競争は激化している。

①マイクロソフト「Bing Generative Search」

　マイクロソフトのAI検索「Bing Generative Search」は2024年7月に一般提供が開始された。OpenAIのGPT-4モデルを採用し、Copilotと呼ばれる対話型チャット機能を実装している。検索結果のページには、AIが生成した詳細な回答が表示され、その後に情報源のリンクが続く。これにより、情報の信頼性を確認しやすくなっている。

　また、従来の検索結果をサイドバーに配置し、AIが生成した回答を中心に据えるレイアウトを採用している。AI検索の優位性を強調すると同時に、従来型の検索方法も選択できるハイブリッドなアプローチといえるだろう。

②グーグル「AI Overviews」

　これまで検索エンジン市場で約90%という圧倒的なシェアを占めてきたグーグルもAI技術の導入を進めている。同社のLLM「Gemini」のカスタマイズ版をベースに開発した「AI Overviews」では、AIが検索結果の上位ページを要約した概要を提供する[1]。これにより、ユーザーは複数のウェブサイトを閲覧することなく、求める情報の全体像を素早く把握できるようになっている。同社はAI Overviewsのテストを2023年5月に開始し、2024年4月から米国で一般提供を開始、同年8月からは日本でも提供を開始している。

1．入力したキーワードや文によって、概要が生成される場合とされない場合があるため、すべての検索で表示されるわけではない

また、旅行計画や食事プランなどの複雑なタスクをAIがサポートする機能の開発も進めている。これらの機能は、ユーザーの情報探索プロセスを大幅に効率化する可能性を秘めている。

③ OpenAI「SearchGPT」

OpenAIは、2024年10月末に生成AIを活用した検索サービス「SearchGPT」の提供を有料プラン契約者向けに開始した。SearchGPTはリアルタイムでインターネットにアクセスし、最新の情報を含む要約された回答と、情報源へのリンクを提供する。このサービスはニュースやデータのプロバイダーの情報を活用して、天気、株価、スポーツ、ニュースなど幅広い質問に対応できる。単体製品ではなく、ChatGPTに統合されているため、従来のChatGPTと同じ画面から利用可能である。

④ Perplexity

Perplexityは、元OpenAIのAIリサーチャーであるアラビンド・スリニバスCEO、元メタのAIリサーチ・サイエンティストのデニス・ヤラツCTOらにより、2022年8月に設立されたAI検索エンジンのスタートアップである。アマゾンの共同創業者兼会長を務めるジェフ・ベゾス氏、元ユーチューブCEOのスーザン・ウォジスキー氏、メタのヤン・ルカン最高AIサイエンティストや、エヌビディアなど、錚々たる投資家から2億ドル近くを調達し、注目を集めている。

Perplexityは、AIが生成した要約と情報源へのリンクを組み合わせた独自のインターフェースを提供している。ユーザーは特定

の情報源（YouTubeやRedditなど）に絞った検索も可能で、より柔軟な情報探索をサポートしている。

2024年6月にはソフトバンクとの戦略的提携を発表し、ソフトバンク、ワイモバイル、LINEMO（ラインモ）の顧客はPerplexityの有料版「Perplexity Pro」（通常価格：月額2950円〜）を1年間無料で利用できる。

AI検索で何が変わるか

①検索体験の変革

AI検索は、情報探索の方法を根本から変える可能性がある。より直感的で会話的な検索体験により、ユーザーは複雑な質問や曖昧な表現でも適切な回答を得られるようになる。また、複数のウェブサイトを閲覧して情報を統合する必要がなくなり、情報取得の効率が大幅に向上することが期待できる。

たとえば、「来週の東京の天気と、その時期におすすめの屋外活動は？」といった複合的な質問に対しても、AI検索であれば一度の検索で包括的な回答を提供できる。これは、天気予報と観光情報を別々に検索し、自分で組み合わせる必要があった従来の方法と比べ、はるかに効率的といえるだろう。

②Web上のコンテンツ流通への影響

AIが生成した要約がユーザーのクエリに対する主な回答となることで、個別のウェブサイトへのトラフィックが減少する可能性がある。従来の検索エンジンがトラフィックを直接個別のウェ

ブサイトに誘導していたのに対し、AI検索は直接的な回答を提供するため、ユーザーが元のウェブサイトにアクセスする必要性が低下するからである。これは、広告収入に依存するサイトや小規模パブリッシャーに大きな影響を与える恐れがある。

　一方で、AI検索が情報源として高品質なコンテンツを重視する傾向があることから、信頼性の高い情報を提供可能なウェブサイトの価値が相対的に高まる可能性もある。このような状況下で、大手メディアは自社コンテンツの価値を最大化する戦略を模索しており、AI企業とのライセンス契約や戦略的パートナーシップの締結など多様なアプローチが試みられている（詳しくは「1.3　AI企業とメディア企業の綱引きのゆくえ」を参照）。

③広告モデルの変化

　AI検索の台頭により、従来の検索連動型の広告モデルが通用しなくなる可能性がある。ユーザーが、AIが生成した回答で満足し、検索結果ページを深く閲覧しなくなれば、クリック課金型の広告の効果は低下する。

　これに対し、AI検索と親和性の高い新たな広告形態が模索されている。たとえば、AIが生成する回答の中に、文脈に応じた製品やサービスの推奨を自然な形で組み込むといったアプローチである。また、対話型のインターフェースを活用し、ユーザーの興味や意図をより深く理解した上で、適切なタイミングで関連性の高い広告を提示する方法なども検討されている。

　グーグルやマイクロソフトは、AIが生成した検索結果にスポンサー広告を統合する試みを行っており、グーグルは2024年10月にAI Overviewsに広告公開機能を正式に実装したことを発表し

136　第2章　テクノロジー編

た。また、Perplexity AI は、AIの会話の中で関連する広告をフォローアップの質問として提示する計画を発表している。

ただし、これらの新しい広告形態は、ユーザーエクスペリエンスを損なわないよう慎重に設計される必要がある。広告主は、AIコンテキストにおける広告効果を測定し、新たな指標を開発する必要に迫られるだろう。

結 論

AI検索の登場は、検索体験そのものを根本から変革するだけでなく、ウェブ上のコンテンツ流通や広告モデルにも大きな影響を及ぼす可能性がある。ユーザーは従来のようにキーワード検索に依存することなく、直感的な対話を通じて複雑な質問に対する迅速で的確な回答を得ることができるようになる。また、個別のウェブサイトへのアクセスが減少することで、広告モデルやウェブコンテンツのビジネスにも大きな影響が及ぶことは避けられない。

特に、従来の検索連動型広告モデルが減少する一方で、AIが生成するコンテンツに自然な形で広告を組み込む新たな手法が求められる。企業やメディアはAI技術の導入を積極的に検討し、信頼性の高いコンテンツの提供やAI企業との戦略的パートナーシップを模索する必要がある。

将来的には、AI検索がさらに進化し、検索結果にテキストだけでなく、動画や画像、音声など複数の形式の情報を効果的に組み合わせて提供することで、ユーザーのニーズにより細かく応えられるようになると予想される。

2.8　AI検索で何が変わるのか　　**137**

2.9

AI検索が促すSEOから AEOへの戦略転換

インターネット検索において、長らく主流であった検索エンジン最適化（Search Engine Optimization = SEO）は、デジタルマーケティングの中心的な役割を果たしてきた。しかし、AI技術が進化し、グーグルやマイクロソフト、OpenAI、Perplexity AIといったAI検索エンジンの台頭により、検索のあり方が大きく変化している。この変化の中で、SEOだけではなく、ユーザーの具体的な質問に対して的確な回答を提供する「アンサーエンジン最適化（Answer Engine Optimization=AEO）」が新たな注目を集めている。

AI検索の台頭

2022年にChatGPTが登場して以来、検索の仕組みは大きな転換点を迎えている。OpenAIの「SearchGPT」やPerplexity AI、さらにはマイクロソフトが従来のBingにAIを統合した「Bing Generative Search」など、AIを活用した新しい検索サービスが続々と登場し

ている（詳しくは「2.8　AI検索で何が変わるのか」を参照）。これらの
AI検索は、従来のキーワードベースの検索ではなく、自然言語で
の質問に対してAIが最適な回答を提供することを特徴としてい
る。

　従来のSEOは、特定のキーワードを基に検索エンジンでの上位
表示を目指していたが、AI検索では、単にキーワードを含むコン
テンツが評価されるのではなく、ユーザーの意図に応じた的確な
回答が求められる。このため、検索エンジンの最適化戦略として、
AEOの重要性が増している。

　グーグルもAI技術を自社の検索エンジンに統合した「AI
Overviews」を発表している。このサービスでは、従来の検索結果
に加えて、AIが生成する要約形式の回答を提供し、ユーザーに迅
速かつ適切な情報を提供している。このようなAI検索の進化に伴
い、SEOに加えてAEOの導入が企業にとって不可欠なものとなり
つつある。

なぜAEOが重要なのか？

　AI検索の登場によって、AEOが重要となる理由は、ユーザーの
検索行動の変化にある。従来の検索エンジンでは、ユーザーはキ
ーワードを入力し、その結果として表示されるリンクをクリック
して情報を得ていた。しかし、AI検索では、ユーザーは「どのラン
ニングシューズが一番良いか？」や「どの車が燃費に優れている
か？」というように自然言語で質問を入力する。そして、AIがそ
の質問に対して最適な回答を提供する。この回答の中に自社の製
品やサービスが含まれていなければ、たとえその分野で大きな市

場シェアを持っていても、消費者に認知される機会が大幅に減少するリスクが発生する。

たとえば、ナイキのような大手ブランドがAI検索の検索結果に表示されない場合、その影響は非常に大きい。ナイキは年間40億ドルもの多額のマーケティング費を投じているにもかかわらず、AI検索においてその製品が紹介されなければ、認知度が低下し、消費者にとっての存在感が大幅に低下する可能性がある。このような状況を回避するためには、AEOを活用してAIが生成する回答に自社の情報が組み込まれるようにすることが必要になる。

AEO戦略

AEOは、ユーザーの質問に対してAI検索が即座に答えを提供できるよう、ウェブサイトを最適化する手法である。AEOを効果的に実施するためには、いくつかの基本的な戦略を押さえる必要がある。まず、ユーザーがAI検索に投げかける質問に対して、明確かつ簡潔に答えを提供するコンテンツが求められる。ページの上部に質問への直接的な回答を配置し、ユーザーが迅速に情報を得られるようにする。また、スキーママークアップ（検索エンジンがページ上の情報を理解するのに役立つコード）を活用して検索エンジンに構造化データを提供することで、回答ボックスやリッチスニペット（スキーママークアップによって検索結果に表示されるサイトの要約情報）に表示される可能性が高まる。

さらに、自然言語処理（NLP）を活用し、ユーザーの検索意図を理解したコンテンツ作りも重要である。ユーザーが具体的な質問を投げかける際、それに対する的確な回答を準備することで、検

索結果において優位に立つことができる。

AEOの導入を積極的に推進するPolitico

　Politicoは、政治に特化した米国のニュースメディアである。同社は従来のSEOに加えて、ウェブサイトのデザインやコンテンツ構造をAI検索に最適化するなど、先進的な取り組みを行っている。

　たとえば、AIクローラーがコンテンツを容易に理解できるように、セクションやサブセクションを明確化し、サイト全体を整理している。これにより、AI検索はPoliticoの各記事やセクションの内容を適切に分類・整理できるようになり、検索結果においてもより関連性の高い情報をユーザーに提供できるようになっている。

　さらに、AIがページを読み取る際に障害となる要素を排除するため、デザインの変更も実施している。従来、ニュースメディアのウェブページには広告やポップアップ、複数のリンクが混在しており、これらがユーザー体験の妨げになるとともに、AIがページの主要コンテンツを認識する際のノイズにもなっていた。Politicoはこうした要素を削減し、よりシンプルでわかりやすいデザインを採用したことで、AIと人間の双方にとって読みやすいページを実現している。同時に、このアプローチはAI検索が生成する要約形式の回答にも、適切なコンテンツが含まれる可能性を高めている。

　このデザインの変更により、AIが記事を理解しやすくなり、特定のトピックに関する質問に対してPoliticoの記事が最適な回答として提示される可能性が高まった。また、ユーザーにとっても広告やポップアップの少ない快適な閲覧環境が提供されるため、

2.9　AI検索が促すSEOからAEOへの戦略転換　　**141**

ユーザーの滞在時間やエンゲージメント率も向上しているという。

AEO戦略を具現化するソリューション

AI検索の必要性が認識されるにつれ、AEO戦略の支援ソリューションを提供するスタートアップも登場している。その一つ、米国ニューヨークのスタートアップProfoundは、ブランドがAI検索でどのように表示されるかをモニタリングし、最適化するためのフィードバックを提供している。

たとえば、ユーザーが「ベストなSUVは何か？」と尋ねた場合、AI検索はその質問に対する最適な答えを提供し、その中でブランドや製品が紹介される。この時、ブランドがどのように表示されるかを管理できるようになっている。

同社が提供するプラットフォームは、日々の膨大な検索クエリを解析し、どのような質問が行われているか、またブランドがどのように表示されているか、検索結果がどのように変化しているかをリアルタイムで追跡できるため、企業は常に最新の情報に基づいた戦略を立てることができる。

さらに同社は、企業がAI検索結果においてより良い評価を得るための改善策も提供している。たとえば、特定のコンテンツがどのようにAIに学習され、どのように結果として反映されているかを分析し、最適化のための提案を行う。このようなデータ駆動型のアプローチの導入によって、企業はAI検索においてもSEO同様の競争力の維持が期待できる。

142 第2章 テクノロジー編

AEOとSEOの共存

SEOとAEOは競合するものではなく、むしろ相互補完的な関係にある。SEOが依然としてウェブトラフィックを増加させる主要な手段である一方で、AEOはAIによる検索結果に特化した最適化手法であり、両者を組み合わせることで企業はより広範な集客を実現できる。具体的には、SEOでトラフィックを増やしつつ、AEOを活用してAI検索に対応したコンテンツを提供することで、より効果的に検索結果での露出を高めることが可能となる。

今後、AIが生成する回答型の検索結果が主流になった場合、企業は単なるキーワードの最適化にとどまらず、ユーザーが具体的な質問に対してどのような回答を求めているかを理解し、それに応じたコンテンツ作成を行う必要がある。

結 論

AI検索が普及することで、従来のSEOに依存してきた企業にとって大きな転換点が訪れている。特に、AIが提供する回答がユーザーの質問に対して直接的かつ具体的であるため、これに対応できない企業は検索結果から除外されるリスクがある。

一方で、AI検索にはまだ多くの課題も残されている。AIがどのようにして回答を生成しているかはブラックボックスであり、企業がそれを完全に制御することは難しい。また、AI検索のアルゴリズムは常に進化しており、その変化に対応するためには柔軟な戦略が必要となる。

AI検索は今後も進化を続け、SEOだけに依存する企業にとって

は大きなリスクとなる。AEOを積極的に導入し、AI検索に最適化したコンテンツを提供することが、競争力を維持するための鍵となるだろう。

2.10

AGI（汎用人工知能）は実現するか

AI技術の急速な進歩により、AGI（Artificial General Intelligence：汎用人工知能）の実現が現実味を帯びてきている。AGIとは、人工知能が人間と同等またはそれ以上の知能を持ち、あらゆる知的作業を遂行できる状態を指す。しかし、その定義や実現の時期については、専門家の間でも意見が分かれている。

AGIとは何か

AGIという概念は、グーグル傘下でAIの先進的な研究を行っているDeepMindの共同創設者であるShane Legg氏とSingularity Netの共同創設者兼CEOであるBen Goertzel氏によって2007年に提唱されたものである。しかし、この数年の生成AIの急速な進化によって、この20年近く前に提唱された概念が改めて注目を集めている。

これまでAGIは、「存在するかしないか」という二元的な観点から議論されることが多かったが、AI技術の進歩に伴い、この捉え方は変化しつつある。OpenAIのCEO、サム・アルトマン氏は、AGI

2.10　AGI（汎用人工知能）は実現するか　**145**

について「突然実現するものではなく、徐々にその性能を高めていく」と述べている。彼によれば、AGIの達成を明確に定義することは困難であり、その判断は専門家の間でも意見が分かれる可能性が高いとしている。

AGIの進化段階と技術的なステップ

　AGIの実現に向けた進展を評価するため、複数の研究機関や専門家が段階的なフレームワークを提案している。これらのアプローチは、AIの能力を複数のレベルに分類し、AGIへの道筋をより明確に示そうとするものだ。ここでは、DeepMindとサム・アルトマン氏によるフレームワークを紹介する。

① DeepMind

　DeepMindの研究者たちが提案した「AGIへの進展を具体的に運用する方法」では、AIシステムの進化を5段階に分類し、レベル1からレベル5に至るまでの段階を示している（図表2-6）。レベル5は、AIがすべての人間の知能を超える「超知性」に相当する。現状の大規模言語モデル（LLM）はレベル1に該当し、いくつかのタスクではレベル2に到達しているとしている。

　この枠組みは、AGIの発展を連続的なプロセスとして捉え、各レベルでの能力を具体的に定義することで、AGIの進展を客観的に評価することを可能にしている。また、この分類は、AGIの開発に伴う潜在的なリスクと機会を評価する上でも有用なツールとなり得る。

146　第2章　テクノロジー編

図表2-6　DeepMindが考えるAGIの進化レベル

レベル	名称	説明
レベル1	Emerging （新興）	熟練していない人間と同等かやや上回る程度の能力を持つ。基本的なタスクを遂行できるが、専門的な知識や高度なスキルは持ち合わせていない。
レベル2	Competent （有能）	熟練した人間の50パーセンタイル（中央値）を上回る能力を持つAI。多くの一般的なタスクで人間と同等以上のパフォーマンスを発揮できる。
レベル3	Expert （専門家）	人間の専門家の90パーセンタイルを上回る能力を持つAI。ほとんどの分野で人間の専門家を凌駕する性能を示す。
レベル4	Virtuoso （名人）	人間の専門家の99パーセンタイルを超える能力を持つAI。ほぼすべての分野で人間の最高レベルの専門家を上回る性能を発揮する。
レベル5	Superhuman （超人）	あらゆる認知タスクにおいて、人間の能力を完全に凌駕するAI。人間が達成できないレベルの知的作業を行うことができる。

出所) Google DeepMind「Levels of AGI: Operationalizing Progress on the Path to AGI」をもとに作成

②OpenAI サム・アルトマン氏

　OpenAIのCEOサム・アルトマン氏も、AGIの進化を5つのレベルに分類している（図表2-7）。

　アルトマン氏によれば、現在のOpenAIのモデル（特にGPT-4 Turbo）はレベル2に達しており、非常に高度な認知タスクをこなすことができるとしている。次のステップはレベル3の「エージェント」の達成であり、これは将来のモデルがより自律的にタスクをこなすことを意味する。アルトマン氏は、この進展は遠くない未来に実現できると考えており、進化は非常に速いペースで進むだろうと予測している。

　また、AGIの重要な到達点の1つは、「新しい科学的発見を加速

2.10　AGI（汎用人工知能）は実現するか　　**147**

図表2-7　サム・アルトマン氏が考えるAIの進化レベル

レベル	名称	説明
レベル1	Chat Bots （チャットボット）	基本的な対話能力を持つAI
レベル2	Reasoners （推論者）	より高度な推論能力を持ち、複雑なタスクや質問に対して深く考えることができるAI
レベル3	Agents （エージェント）	ユーザーの指示に基づき、タスクを自律的に実行するAI。複雑な問題を分解し、独自の判断で最適な解決策を見つける能力が含まれる。
レベル4	Innovators （イノベーター）	創造的な思考を行い、新しい知識や技術、発見を推進するAI
レベル5	Organizations （組織）	組織的なレベルでAIが機能する段階。AIが複数のタスクやプロジェクトを同時に管理し、複数の分野にまたがる大規模な問題解決に対応できる能力を持つ

出所）2024年10月に開催された「OpenAI DevDay」でのサム・アルトマン氏の発言をもとに作成

する能力」（レベル4）を持つことだとしている。AGIが本当に画期的だとされるのは、それが人間よりもはるかに速いペースで新しい知識や技術を発見・開発できることで、これはまだ到達していないが、すでに非常に近づいていると述べている。

AGIはいつ実現するか

　AGIがいつ実現するかという問題については、AI業界内でもさまざまな見解が存在するが、最近では総じて以前よりも実現時期が近くなっていると予測する意見が多い。

　テスラやXのほか、AI企業xAIも経営する実業家のイーロン・マスク氏は「人間よりも賢いAIは来年、もしくは2年以内に登場する」と2024年3月に見通しを語っている。あまりにも早過ぎると感じられるかもしれないが、同様の予測をする有識者はほかにも

存在する。アンソロピックCEOのダリオ・アモディ氏は2024年10月に公開したエッセーで「AGIは早ければ2026年にも私たちの目の前に現れ、人間の知能を超え、私たちの生活を一変させる可能性がある」と述べている。

また、2024年9月に開かれた米国上院のAIに関する公聴会では、OpenAIの元技術スタッフであるウィリアム・サンダース氏が「AGIは3年以内に実現する可能性がある」と述べている。また、この公聴会では、米ジョージタウン大学安全保障・先端技術研究センターの戦略ディレクターで元OpenAI取締役のヘレン・トナー氏も「OpenAI、グーグル、アンソロピックなどのトップAI企業の多くは、AGIを非常に真剣な目標として構築している。これらの企業の多くの人々は、10年か20年で達成できると考えており、中には1年から3年で達成できると考えている人もいる」と証言している。

一方、メタのチーフAIサイエンティストであるヤン・ルカン氏は、人間の知能に匹敵するAGIの実現は数年以内に起こる可能性があると述べているが、具体的な時期については言及を避けている。

日本ではソフトバンクグループの会長である孫正義氏が、2024年10月に開催された「SoftBank World 2024」で、「AGIは今後2〜3年以内に実現し、その後10年以内には人間の知能の1万倍に相当する超知性が登場する」と語っている。

これらの見解は、AGIの実現時期の予測が非常に難しいことを示すと同時に、技術進歩のスピードが予想以上に速い可能性があることを示唆している。特に、1〜3年という短期的な予測は、AGIの潜在的な影響力を考慮すると、政策立案者や社会全体にとって

重要な警鐘となる可能性がある。

AGI実現に向けた技術的課題

AGIの実現には、いくつかの技術的課題が残されている。まず、現行のAIモデルは特定のタスクに特化しているため、汎用性を持つためには、複数の異なるタスクを高い水準で遂行できる能力が求められる。

たとえば、DeepMindが開発したタンパク質に加えてDNAやRNAなどの立体構造を予測できるAI「AlphaFold」は、創薬研究の分野で卓越した性能を発揮し、その成果はノーベル化学賞を受賞するほどに認められている。しかし、これは「狭い」AIの典型例であり、汎用性は持ち合わせていない。したがって、異なるタスクを高い水準でこなす汎用的なAIの開発は、AGI実現に向けて越えなければならない大きなハードルである。

また、AIシステムの自律性も重要な課題である。現在のAIは人間の介入を必要とすることが多いが、AGIが目指すのは、より高いレベルの自律性であり、複雑な状況下で自ら意思決定を行い、タスクを遂行する能力が求められている。

安全性と倫理的問題も見逃せない。AIが自律的に行動する場合、その行動が予測不能であったり、誤った判断を下したりするリスクがある。特にAGIのような高度なシステムでは、このリスクが大きくなる可能性があり、開発者はそのリスクを十分に評価し、制御するための枠組みを整備する必要がある。

さらには、複雑な概念を理解し、論理的推論を行う能力や新しい知識や技術を生み出すイノベーション能力も求められる。これ

らの課題を克服することで、AIシステムはより高度なAGIレベル
へと進化していくと考えられている。

AGI実現に伴う課題と懸念

　AGIが実現すれば、その社会的影響は計り知れない。AGIはビジ
ネスや社会問題の解決において中心的な役割を果たすことが期待
されている一方で、AGIが引き起こす負の影響についてもさまざ
 zなな懸念がある。

　たとえば、失業問題や経済的格差の拡大といった従来から指摘
されてきた問題に加えて、最近ではサイバー攻撃や生物兵器の設
計支援といった形でAGIが危険なタスクを自律的に遂行すること
への懸念が示されている。

　加えて、AGI開発企業の内部セキュリティの脆弱性も指摘され
ている。高度な技術が外部に流出すれば、テロリストや敵対的な
国家に悪用される恐れがある。前述した米国上院の公聴会では、
メタ、グーグル、OpenAIでAIの開発に携わった元従業員が証言し
たが、内部態勢の甘さを指摘する声が相次いだ。

AGI開発企業の責任と課題

　これらの課題に対して、AIの開発企業は重大な責任を負ってい
る。しかし、市場競争の激化により、企業は安全性の確保よりも開
発スピードを優先しがちだ。OpenAIはAGIの制御可能性を研究す
る「スーパーアライメント」チームを設置していたが、このチーム
は十分なリソースを得られずに解散してしまったという（「1.1

OpenAIの営利組織への移行は何を意味するか」を参照）。安全性よりも開発スピードを優先する傾向を象徴する出来事だといえるだろう。

　また、開発企業は開発状況の進捗や潜在的リスクについて、十分な情報開示を行っていないという指摘もある。技術の詳細や具体的なリスク評価が公開されないことで、社会全体でAGIの影響を議論し、適切な対策を講じることが困難になっている。内部告発者の保護や第三者機関による監査など、企業の透明性を高める仕組みづくりも求められる。

政策的対応の必要性

　これらの課題に対し、米国議会ではAI技術のリスクについての議論が進んでおり、議員たちはAI開発企業に対する透明性とアカウンタビリティを求める法案を準備している。特に、AGIがもたらす負の影響や安全性の問題に対処するための規制が議論されており、「技術が完全に理解されていない段階で過度の規制を行うことは技術の進展を妨げる可能性がある」という意見もあるが、何らかの対策は必要不可欠だとしている。

　具体的には、以下のような要素を含む法案が提案されている。

（1）ライセンス制度：高リスクAI開発企業に対するライセンス制度の導入
（2）透明性要件：AI企業に対する情報開示義務の強化
（3）独立監督機関：AI技術を監視・評価する独立した機関の設置
（4）ウォーターマーキング：AI生成コンテンツに対するマーキン

グの義務付け

（5）責任の明確化：AI製品による被害に対する企業の法的責任の明確化

　ただし、現在のところ、規制当局と開発企業の間には温度差があり、法案が成立するかどうかははっきりしない状況である。

結　論

　AGIの実現は、もはや「もし」ではなく「いつ」の問題である。技術的には課題が残されているものの、研究と開発が進む中で、AGIは徐々に現実味を帯びてきている。実現時期については見解が分かれているが、1〜3年以内に実現する可能性も指摘されており、実現すれば、その影響力は計り知れないものとなるだろう。

　一方で、AGIが実現した際に生じる社会的影響やリスクに対処するためには、適切な規制と倫理的ガイドラインが求められる。AI技術が急速に進化する中で、AGIの実現に向けた道筋は今後さらに注目されることになるだろう。

第3章

社会・経済編

CHAPTER 3

SOCIETY & ECONOMY

30 TRENDS OF GENERATIVE AI
2025-2026

3.1

AIで重要性が増すスキル/
低下するスキルとは

第三次AIブームが始まった頃から、「AIは人間の仕事をどの程度代替可能なのか」といった、AIが労働市場に及ぼす影響を分析した研究が盛んに行われてきた。生成AIブームが始まった2022年末から2023年初めにかけても同様の研究成果が報告されてきた。ここでは、2024年7月に「The AI-Enabled ICT Workforce Consortium（AI対応ICT労働力コンソーシアム）」が発表したレポート「The Transformational Opportunity of AI on ICT Jobs（ICT職種におけるAIの変革機会）」をもとに、AIがICT関連の職業に与える影響について考察する。

AI対応ICT労働力コンソーシアムとは何か

　このコンソーシアムは、グーグル、マイクロソフト、IBM、インテル、シスコなどのグローバル企業9社が2024年4月に結成し、ICT職種に対するAIの影響を探り、AI時代に対応するために必要なスキルとトレーニングを明らかにすることを目的にしている。

米国・EU貿易技術評議会（TTC）の「成長のための人材タスクフォース」、および米国商務省の支援を受けており、ICT分野でAIがもたらす変革の機会を活用するための実行可能なインサイトの提供を目指している。

47のICT関連職種のスキルについて分析

　これまでの研究では、さまざまな職種を対象にしたマクロ的な分析が多かったが、この研究では、ICT関連職種にフォーカスしている点が大きな特徴となっている。具体的には、データサイエンティスト、UXデザイナー、サイバーセキュリティアナリスト、品質保証アナリスト、ITマネージャなどの47の職種を経営管理、サイバーセキュリティ、ソフトウェア開発、データサイエンスなどの7つの「ジョブファミリー」にグループ分けし、さらに各グループの中でキャリア別（シニアレベル、中堅レベル、エントリーレベル）に新たに必要になるスキルや重要度が増す/減るスキルを分析している。

エントリーレベル/中堅レベルが大きな
影響を受ける

　まず、キャリアレベル別で見ると、エントリーレベルおよび中堅レベルの人材がシニアレベルの人材よりも大きな影響を受けることがわかった。エントリーレベルの職務の37%、中堅レベルの職務の40%が、AIの進展によって大きな変革（変革度レベル：高）を経験すると分析されている（変革度レベルを高・中・低の3段階で

評価）。

　一方、シニアレベルの人材の場合、変革度レベルが「高」は0％で、「中」が100％、中堅レベルの場合、変革度レベル「中」は約47％、エントリーレベルでは「中」が約56％となっている。

　ただし、この結果はあくまで現時点での結果であり、今後、AIのスキルが進展すると、シニアレベルの人材も大きな影響を受けることになるのは想像に難くない。

デザイン系職種と品質保証エンジニアへの影響が大

　次に、近い職種をグループにまとめたジョブファミリー別に見ていくと（図表3-1）、AIの影響を最も受けやすいのは、デザインエンジニア、プロダクトデザインエンジニア、UXデザイナーが該当する「デザインとUX（ユーザーエクスペリエンス）」とソフトウェア

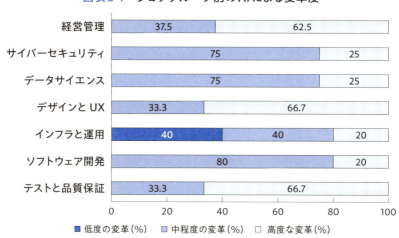

図表3-1　ジョブグループ別のAIによる変革度

出所）The AI-Enabled ICT Workforce Consortium「The Transformational Opportunity of AI on ICT Jobs」をもとに作成

テスト／デバッグエンジニア、品質保証アナリストなどが属する
「テストと品質保証」で、共に変革度「高」が66.7%、「中」33.3%、
「低」が0となっている。

　次がビジネスアナリスト、ビジネスインテリジェンスアナリス
ト、カスタマーサービス担当者、デジタルマーケティングスペシ
ャリストなどが含まれる「経営管理」で、変革度「高」が62.5%、
「中」が37.5%、「低」が0である。

　反対に変革度が低いのは、ネットワーク管理者やITマネージャ、
システム管理者などが該当する「インフラと運用」で、変革度「高」
が20%、「中」が40%、「低」が40%となっている。

重要性が増すスキルと低下するスキルとは

　最後にすべての職種横断で重要性が増すスキルセットと重要性
が低下するスキルセットについても分析している（図表3-2）。

　まず、重要性が増すスキルとして挙げられているのは、AI倫理
と責任あるAI、AIリテラシー、プロンプトエンジニアリング、LLM
アーキテクチャ、アジャイル手法、データ分析、機械学習、RAG
（Retrieval Augmented Generation＝検索拡張生成）、TensorFlow[1]、自
然言語処理の10個（重要度が増す順）である。

　一方、重要性が低下するスキルとしては、基本的なプログラミ
ングと（開発）言語、コンテンツ生成、データ管理、情報のリサーチ、
文書のメンテナンス、SQL、手動によるXMLの処置、手動による

1．グーグルが開発したオープンソースの機械学習フレームワーク

図表3-2　重要性が増加しているスキルと低下しているスキル

順位	スキル	重要性が増加している職種の比率	順位	スキル	重要性が低下している職種の比率
1	AI倫理と責任あるAI	100%	1	基本的なプログラミングと言語	31%
2	AIリテラシー	100%	2	コンテンツ生成	18%
3	プロンプトエンジニアリング	66%	3	データ管理	18%
4	LLMアーキテクチャ	20%	4	情報のリサーチ	16%
5	アジャイル手法	20%	5	文書のメンテナンス	13%
6	データ分析	20%	6	SQL	13%
7	機械学習	11%	7	手動によるXMLの処置	7%
8	RAG	11%	8	手動によるPerlスクリプト作成	7%
9	TensorFlow	11%	9	インテグレーションソフトウェア	7%
10	自然言語処理	9%	10	手動によるマルウェア解析	4%

出所) The AI-Enabled ICT Workforce Consortium「The Transformational Opportunity of AI on ICT Jobs」を元に作成

Perlスクリプト作成、インテグレーションソフトウェア、手動によるマルウェア解析といった10個（重要度が低下する順）が挙げられている。

　重要度が増すスキルとしては、プロンプトエンジニアリングやLLMアーキテクチャ、RAGといった生成AIならではの技術的なスキルが挙げられている一方、AI倫理と責任あるAI、AIリテラシーといったガバナンス関連のスキルがより上位に位置づけられている点が目を引く。これは実装技術とは別に、倫理面の重要性が認識されつつあることを示しているといえよう。

　重要度が低下するスキルに関しては、どれも直感的に理解しやすいのではないだろうか。基本的なプログラミングや開発言語、

160　第3章　社会・経済編

コンテンツ生成、データ管理、情報のリサーチなど、いずれも生成AIの基本的なスキルがあれば、現在のLLMの能力で実現できてしまう。JavaやPython、CSSやHTML、Rなどのスキルだけでは、生き残りは難しくなり、機械学習や自然言語処理などの高度なスキルを身に付ける必要があることを示唆している。

AI時代に対応するために必要なスキル

　冒頭に説明した通り、AI対応ICT労働力コンソーシアムがこのレポートを発表した目的は、いたずらにICT人材の不安を煽ることではなく、AI時代に対応するために必要なスキルとトレーニングを明らかにすることである。そのため、本レポートでは、各職種に対するAIのインパクトを解説するだけでなく、新たに身に付けるべきスキルについても言及している。

　たとえば、AIの影響を受けやすいとされた品質保証アナリストについては、「監査やプロセス改善といったコアとなる責務はあまり影響を受けない一方で、AIは文書化を大幅に自動化し、規制遵守を支援することができます。テストや統合ソフトウェアなどの技術スキルは、AIによる自動化の影響を強く受けやすいです」とした上で、「品質保証アナリストは、音声認識アルゴリズム、会話型AI、AIモデル開発などの新しいスキルを習得し、競争力を維持する必要があります」とアドバイスしている。

結　論

　大規模言語モデルが労働市場に及ぼす影響を分析した研究論文としては、2023年3月に公開された「GPTs are GPTs: An Early

Look at the Labor Market Impact Potential of Large Language Models（GPTはGPTである：大規模言語モデルの労働市場への潜在的な影響についての初期研究）」が有名である。この論文は、OpenAIとペンシルベニア大学の研究者らによって執筆されたもので、日本でも各種メディアで紹介されているため、目にしたことがあるかもしれない。しかし、業界別ではデータ処理業界、職種別でウェブ・デジタルインターフェースデザイナーが大きな影響を受けると報告しているものの、その他のICT職種についてはあまり掘り下げられていない。

　それに対し、本レポートでは47のICT関連職種について詳しく分析しており、その点で大きな違いがある。本レポートは、すでにICT業界に身を置いている人、これからICT業界を目指す人、あるいはICT業界の中でキャリアチェンジを検討している人など、ICT業界に興味があるすべての人にとって、今後の自身のキャリアを考える上で大いに参考になるはずだ。ぜひ一読することを推奨したい。

3.2

生成AIによる環境への負荷に
どう対処するか

生成AIの急速な発展は、私たちの生活や仕事のあり方に大きな変化をもたらしている。特に、OpenAIのGPTシリーズに代表される大規模言語モデルや、DALL-E、MidJourneyといった画像生成AIはその驚異的な能力で世界中の注目を集めている。しかし、この技術革新の陰には、環境への負荷という見過ごせない課題が存在している。

データセンターの電力消費と生成AIの影響

生成AIモデルの開発や運用には膨大な計算リソースが必要とされる。これらの計算処理は主に大規模データセンターで行われるが、そのエネルギー消費量は無視できないレベルに達している。データセンター産業は、世界全体の温室効果ガス（GHG）排出量の2〜3%を占めており、これは航空業界と同等の規模である。生成AIの利用が拡大するにつれて、この割合もさらに増加すると予想される。

データセンターでは、コンピュータ機器の運用や冷却システム
に多大なエネルギーが必要とされている。特に生成AIは、従来の
クラウドサービスに比べてはるかに多くの計算能力を必要とし、
その結果、使用される電力も膨大となる。現在、米国では全電力消
費の2.8%、デンマークでは約7%がデータセンターによるものと
推定されている。しかし、生成AIの急速な普及に伴い、データセ
ンターの電力消費は今後さらに増加し、電力インフラへの負担も
いっそう大きくなると予想されている。

AIモデルのトレーニングと推論によるCO_2排出量

　生成AIの環境への負荷を考える際、モデルの「トレーニング」と
「推論」それぞれの段階におけるエネルギー消費が鍵となる。トレー
ニング段階では、大量のデータを使用してAIの学習を行うが、
この過程は極めて計算集約的であり、大量のエネルギーを消費す
る。

　2021年に当時グーグルのAI倫理チームのリーダーらによって
共同執筆された論文「On the Dangers of Stochastic Parrots: Can
Language Models Be Too Big?」では、モデルのトレーニングおよ
び開発時のCO_2排出量について「人間は平均して年間約5トンの
CO_2を排出するとする一方で、ニューラルアーキテクチャによる
トランスフォーマーをトレーニングした場合、CO_2排出量は284
トンにもなる」と推計している。

　さらに、生成AIの推論段階でもエネルギー消費が問題となる。
推論とは、学習済みモデルを使用してユーザーの入力に対する応
答を生成するプロセスである。推論にかかるエネルギーはトレー

164　第3章　社会・経済編

ニングに比べると少ないが、膨大な数のユーザーに対して繰り返し実行されるため、結果的に総エネルギー消費量は非常に大きくなる。エヌビディアの推計によると、ニューラルネットワークのエネルギーコストの80 ～ 90％は推論に使用されているという。

急増する電力需要が計画の見直しを迫る

　AWS、グーグル、マイクロソフトといった大手クラウドプロバイダは、生成AIブーム以前からデータセンターの環境負荷を軽減するためにさまざまな取り組みを進めてきた。

　たとえば、グーグルは2030年までに24時間365日カーボンフリーエネルギーへの移行を目指し、安定したカーボンフリーエネルギーの供給を実現する次世代地熱発電プロジェクトやAIによる風力発電所のエネルギー出力の予測に取り組んできた。また、同社は「2030年までに温室効果ガス排出をネットゼロにする」という目標も掲げている。

　しかし、注意しなければならないのは、これらの目標は生成AIの発展が加速する前に設定されたものであることだ。最新の報告では、同社のCO_2総排出量は2019年から2023年の間に約50％増加し、1430万トンに達している。同社は、「AIの広範な製品統合によるAIコンピューティングのエネルギー需要の増加と、予想される技術インフラ投資の増加に関連する排出量のため、排出量の削減が課題になる可能性がある」と述べている。この状況は、AIの急速な発展と環境目標の両立の難しさを浮き彫りにしている。

　多くのデータセンター運営者が化石燃料以外のエネルギー源に依存することを約束しているが、急増する電力需要がその実現を

3.2　生成AIによる環境への負荷にどう対処するか　　**165**

困難にしている。たとえば、バージニア州ではデータセンターの電力供給が逼迫しており、一部ではディーゼル発電機の使用が検討されたが、環境団体の圧力で断念している。また、ミズーリ州カンザスシティでは、メタが建設を進める巨大データセンターが、石炭火力発電所の廃止計画の延期を招いた。このように、生成AIの普及は電力供給と環境目標との間にギャップを生じさせている。

　この電力供給の課題に対処するため、次世代のクリーンエネルギー技術である小型モジュール炉（Small Modular Reactors＝SMR）が注目されている。SMRは、従来の大型原子炉よりも小規模であり、設置場所の柔軟性が高いため、データセンターの近隣に直接配置して電力供給を行うことが可能だ。たとえば、アマゾンはバージニア州でSMRプロジェクトを進めており、これによりデータセンターの急増するエネルギー需要にクリーンな方法で対応することを目指している。また、グーグルもSMRの導入を進めており、AI技術の発展に伴うエネルギー負荷の軽減を模索している。

　SMRは、生成AIによる急速な電力需要の増加に対処するための有望な技術ではあるが、その商業的展開にはまだ課題が残っている。それでも、このような技術は、持続可能なエネルギー供給に向けた解決策として大きな期待を集めている。

透明性と責任ある開発の重要性

　AIの環境への影響を正確に把握し、適切に対処するためには、企業の透明性と責任ある開発姿勢も不可欠である。グーグルやアマゾンは、年次環境報告書を通じて自社のエネルギー消費やCO_2排出量を公開している。しかし、生成AIの急速な普及によって、

166　　第3章　社会・経済編

そのエネルギー負荷がさらに大きくなっていることを踏まえると、これらの企業には、生成AIによる新たな負荷や、削減に向けた具体的な取り組みをより詳細に報告する責任がある。また、単なる報告にとどまらず、AI技術の利用拡大に伴う長期的な環境目標の再検討も必要だろう。

　今後は、大手テック企業に限らず、AIの開発と運用に関わるすべての企業が、自社の環境への影響を正確に測定し、公開することが求められる。すでにAIモデルのトレーニングや推論時のエネルギー消費を測定するためのツールとして、「CodeCarbon」や「Green Algorithms」などが開発されている。こうしたツールを活用することで、効率的な測定と公開が可能になる。

　さらに、企業は環境目標を定期的に見直し、急速に変化するAI技術の状況に適応させていく必要がある。グーグルの例が示すように、AIの発展速度は当初の予想を上回るものであり、環境目標もそれに応じて柔軟に調整されるべきであろう。

効率化への期待

　生成AIの環境負荷を軽減するためには、エネルギー効率の高いアルゴリズムやハードウェアの開発が不可欠である。たとえば、グーグルは第6世代のTPU（Tensor Processing Unit）が前世代に比べて67%も効率的になったと報告している。また、AIモデルのトレーニングに使用されるGPUの電力効率も大幅に向上しており、2010年から2024年の間に1ワットあたりのピークFLOP/s（浮動小数点演算数）は年間約1.28倍増加している。このペースで進展が続けば、今後10年間でトレーニング効率は4倍に達する見込みであ

る。

さらに、AIトレーニングの効率をさらに高める技術として、FP16（16ビットの浮動小数点数）からFP8（8ビットの浮動小数点数）への移行も進んでいる。FP8の使用は、電力効率を約2倍に高めるとされており、生成AIのエネルギー消費削減に大きく寄与することが期待されている。

この他にも、既存の大規模言語モデルを再利用したり、特定のドメインに特化したファインチューニングを行ったりすることで、新規モデルのトレーニングに比べてエネルギー消費を抑えられると見込まれている。

結 論

生成AIの普及による環境負荷は、今後も大きな課題として残る。しかし、エネルギー効率の高いアルゴリズムやハードウェアの開発、再生可能エネルギーの導入が進むことで、その影響を軽減できる可能性がある。さらに、小型モジュール炉（SMR）のような新しいクリーンエネルギー技術は、データセンターの電力需要に対処する有望な選択肢であり、今後の大規模な商業化に期待がかかる。

企業には、生成AIの持続可能な利用に向けた責任を果たすことが求められる。環境目標に対する透明性を高め、目標を見直すことに加え、政府や国際機関は生成AIの環境基準を設定し、企業に対する明確な指針を提供するべきであろう。

168　　第3章　社会・経済編

3.3

欧米で進むAI規制と
業界への影響

近年、AI技術の急速な発展に伴い、その規制を巡る議論が世界中で活発化している。特に2023年から2024年にかけて、EUの「AI Act」、米国カリフォルニア州の「SB-1047」など、AIの今後の方向性を左右しかねない重要な法律が次々と提案されている。

これらの法規制は、AIの潜在的なリスクを管理しつつ、イノベーションを促進するという難しいバランスを取ろうとしているが、その具体的な内容や実効性については賛否両論がある。

EUのAI Act：包括的なAI規制の先駆け

EUの「AI Act」は、AI技術を幅広く規制する世界初の包括的なAI規制法として注目されている。2021年に欧州委員会が提案し、2023年12月に欧州議会と欧州理事会の間で暫定的な合意に達し、2024年8月に施行された。AI Actは段階的に適用され、一部は2025年2月から適用され、全面的な適用は2027年8月からとなる。

AI Actでは、AIシステムを「許容できないリスク」「高リスク」「限定リスク」「最小リスク」というようにリスクに応じて4段階に分類し、リスクレベルに応じて要件や義務、罰則を定める「リスクベースアプローチ」を採用している点が特徴である。

　たとえば、ソーシャルスコアリング（個人の行動を基にして「ソーシャルスコア」を作成し、そのスコアによって人々の権利や機会に影響を与えるシステム）や、個人のプロファイリング情報のみに基づいて、犯罪リスクを評価・予測するAIシステムなどは、個人の権利を侵害する「許容できないリスク」に分類され、システムの利用は原則禁止される。

　また、OpenAIのGPTシリーズのような幅広い目的で使用可能な「汎用AI（General Purpose AI, GPAI）」に対しては、透明性の確保が強く求められており、AI開発者や提供者がどのようなプロセスでAIを開発し、運用しているかをユーザーや規制当局に明示する必要がある。具体的には、モデルの訓練に使用されたデータの種類と出所を公開することが義務付けられ、特に、EU内で使用されるAIシステムには、著作権法に準拠したデータのみを使用することが求められる。

　違反した場合の罰則も厳しい。「許容できないリスク」のあるAIシステムに対する違反の場合は、3500万ユーロまたは全世界売上高の7%のいずれか高い方、「高リスク」のAIシステムの場合には、1500万ユーロまたは前会計年度の全世界売上高の3%のいずれか高い方の罰金が科されるといった具合だ。

メタはマルチモーダルAIモデルの提供を停止

AI Actは、AIの安全性と信頼性を確保するための包括的なアプローチとして評価される一方で、イノベーションを抑制する可能性も指摘されている。特に、汎用AIモデルに対する規制はAI技術を開発する企業にとって、より多くのリスク評価やデータ管理が必要になり、大きな負担になる。それだけでなく、場合によっては一部機能の提供を断念せざるを得ないケースも出てくる。

たとえば、メタは2024年7月、AI Actが定めるAIモデルの訓練に使用されたデータの公開を義務付ける透明性の要件により、EUのGDPR（一般データ保護規則）に違反するリスクを避けるため、Llama 3.1に代表されるマルチモーダルAIモデルのEU域内での提供を取りやめると発表した（テキストのみを処理するLlama 3.1は提供）。

同社は、ユーザーがフェイスブックやインスタグラムなどに投稿した写真やキャプションなどのデータをAIモデルのトレーニングに使用してきたが、EUデータ保護当局からの強い反発を受け、このデータの利用を一時的に停止した。理由はGDPRに違反する恐れがあるからであり、違反による巨額の罰金を避けるための措置である。

マルチモーダルAIモデルの提供停止によって、EU内の企業はメタが今後展開するマルチモーダルモデルを使用したアプリケーションの構築ができなくなる。それだけでなく、これらのモデルに基づいて製品やサービスを開発するEU域外の企業は、それらをEUの顧客に提供できなくなる。こうした状況は、EU域内の企

3.3 欧米で進むAI規制と業界への影響 **171**

業や顧客のイノベーションを阻害する可能性がある。

Apple Intelligenceの展開も延期へ

　厳しいEUの規制環境によって、製品展開戦略の見直しを迫られた大手テック企業はメタだけではない。アップルは、EUのDigital Markets Act（DMA：デジタル市場法）への対応として、iOSデバイス向けのAI機能である「Apple Intelligence」のEU市場における提供延期の可能性を2024年6月に発表している。

　デジタル市場法は、EUが2022年に採択した法律で、大手テック企業によるデジタル市場の独占を防ぎ、公正な競争環境を確保することを目的としている。この法律は、特に「ゲートキーパー」と呼ばれる大規模なオンラインプラットフォームを運営するグーグルやメタ、アップルなどの企業に焦点を当てており、その影響力を抑制し、新規参入者や小規模企業にも公平な機会を提供することを目指している。

　アップルの発表の背景にはDMAの相互運用性要件が大きく関係している。DMAは基本的な機能について、異なるプラットフォーム間での相互運用性を要求しており、これはアップルのAI機能が他社のプラットフォームやデバイスでも動作する必要があることを意味する。

　同社は、この相互運用性要件がユーザーのプライバシーとセキュリティを損なう恐れがあると主張している。特に、Apple Intelligenceのような高度なAI機能は、ユーザーの個人データを扱う可能性が高く、他のプラットフォームとの相互運用性を確保することで、同社が重視するプライバシーとセキュリティの基準維

172　第3章　社会・経済編

持が困難になるという主旨である。

また、異なるプラットフォーム間での相互運用性を確保するには、技術的な調整や標準化が必要となる。これには時間とリソースを要するため、新機能の開発や提供スケジュールに影響を与えることも関係していると推察される。このため、同社はEUにおけるApple Intelligenceの展開を保留し、規制当局と協議を進めている。

米国のAI規制：カリフォルニア州のSB-1047はモデルレベルで規制

米国でもAI規制の動きが見られ、カリフォルニア州が2024年8月に提案した「SB-1047」はその代表例だ。これは、「Safe and Secure Innovation for Frontier Artificial Intelligence Models Act（フロンティアAIモデルの安全とセキュアなイノベーション法）」として知られるカリフォルニア州上院法案であり、特に大規模なAIモデルに対して新たな安全性基準を設け、トレーニング前にリスク評価とセーフティプロトコルの実施を義務付ける。AIが大量破壊兵器やサイバー攻撃などの脅威として利用される可能性を防ぐための規制が中心となっている。

SB-1047は、特定の計算能力とコストのしきい値を超えるAIモデル開発者を対象としており、たとえば10の26乗フロップス以上の計算能力を持つモデルや開発コストが1億ドルを超えるものが対象となる。このしきい値は、バイデン政権が定めた「AIの安全、安心、信頼性のある開発と使用に関する行政命令」にも対応しており、米国内でのAI規制の統一を目指している。

SB-1047の影響と課題

SB-1047は、AIの潜在的なリスクに対処しようとする意図は理解できるものの、以下のような問題点が指摘されている。

（1）イノベーションの抑制：技術の進歩に伴い、規制の対象となるモデルの範囲が急速に拡大する可能性がある。これにより、スタートアップや小規模開発者に過度の負担がかかり、イノベーションが抑制される恐れがある。

（2）モデルレベルでの規制の問題点：AIモデル自体を規制対象とするアプローチは、技術の中立性を無視している。むしろ、AIの悪用や特定の高リスクアプリケーションに焦点を当てるべきだという意見が強い。

（3）法的責任の問題：モデルを悪用したアプリケーションが発覚した場合、モデルの開発者に対しても法的責任を負わせる点は、過度に厳しいと批判されている。これは、自動車メーカーに対して、改造された車両による事故の責任を負わせるようなものだからである。

SB-1047を巡っては、OpenAIやグーグル、アンソロピック、メタなどのAI企業のほか、ノーベル物理学賞を受賞したカナダ・トロント大学のジェフリー・ヒントン名誉教授などのトップ研究者、イーロン・マスク氏のような実業界の大物、ベンチャーキャピタルなどの間で賛否両論が分かれていた。

結局、SB-1047は2024年9月29日にカリフォルニア州知事のギ

174 第3章 社会・経済編

ャビン・ニューサム氏が拒否権を発動し、署名せずに差し戻すことを表明した。その理由として、ニューサム氏は、「AIがめざましいスピードで能力を高めていく中で、高価で大規模なモデルにのみ焦点を当てた規制の枠組みは誤った安心感を国民に与えかねない」と指摘した。また、大規模モデルに関して最も基本的な機能ですらも厳しく取り締まるSB-1047について「テクノロジーがもたらす真の脅威から市民を守るための最善のアプローチだとは思えない」とも述べている。

結 論

AIの技術進歩のスピードは非常に速く、法規制がそれに追いつくことは容易ではない。EUのAI Actもカリフォルニア州のSB-1047法案も、現時点での技術水準を基準に設計されており、数年後には時代遅れになる可能性がある。たとえば、計算能力のしきい値は、技術の進歩により急速に陳腐化する可能性が高く、カリフォルニア州知事が署名せずに差し戻したのも、こうした点を懸念したものである。

AI規制は今後さらに進展し、業界に大きな影響を与えることは避けられないが、技術の発展に合わせた柔軟な対応が求められる。また、厳格な規制はAIの安全性と信頼性を高める一方で、イノベーションの阻害やコスト負担の増加といった課題を引き起こす可能性がある。そのため、引き続きバランスを考慮した規制の在り方を模索していく必要がある。

3.4

フェイクコンテンツは防げるか

生成AIの急速な進化と普及により、フェイクコンテンツの脅威が飛躍的に高まっている。高品質な偽画像や動画、説得力のあるテキストを、誰もが容易に大量生成できるようになった今、真実と虚偽を見分けることがかつてないほど困難になりつつある。

フェイクコンテンツの脅威

　フェイクコンテンツがもたらす脅威は、もはや単なる情報操作の域を超え、現実世界に深刻な影響を及ぼしつつある。2023年5月には、米国のホワイトハウス近くでの爆発を装った偽画像がTwitter（現X）上で拡散し、米国株式市場に一時的な混乱をもたらした。このような事例は、フェイクコンテンツが金融市場を揺るがす潜在的な力を持つことを如実に示している。

　さらに、米国大統領選挙においても、生成AIを用いた偽情報が広範に報告されている。特定の候補者に対する偏見や誤解を助長する目的で、フェイクの発言や偽の支持者コメントがAIによって作成され、SNSを通じて広く拡散されるケースが増えている。た

176　第3章　社会・経済編

とえば、ドナルド・トランプ氏は、2024年8月に人気歌手のテイラー・スウィフト氏が「トランプ氏に投票して」と呼びかけているかのようにみえる偽の画像をSNSに投稿し、物議を醸した。

真実への疑義 - 本物を偽物と主張する新たな問題

　フェイクコンテンツの脅威は、虚偽の情報を真実と思わせることだけにとどまらない。AIの存在が広く認知されたことで、逆に真実の情報までもがAIによる捏造だと疑われる新たな問題が発生している。この現象は、真実の情報の信頼性を意図的に貶めることで利益を得ようとする「うそつきの配当」とは異なり、むしろ社会全体の情報に対する信頼を揺るがす深刻な事態だと言える。

　たとえば、2021年のミャンマーの軍事クーデター直後に拡散した女性の動画である。武装車両の車が続々と現れ、国軍がクーデターを進める様子を背景にエアロビクスをする女性の動画は、多くの人々にフェイク動画だと疑われたが、実際には本物だった。このような事例は、真実の情報でさえも簡単に疑いの目を向けられる現状を示している。最近では本物のコンテンツをAIが生成したものだと主張する人々を多く見かけるが、これは単なる誤解ではなく、真実の情報を意図的に貶めようとする動きとも解釈できる。

　こうした状況は、真実に基づいた議論や意思決定を困難にする危険性をはらんでいるだけでなく、フェイクコンテンツ対策の複雑さを浮き彫りにしている。単に偽の情報を検出し排除するだけでなく、真実の情報の信頼性をいかに担保するかという新たな課題にも直面しているといえるだろう。

3.4　フェイクコンテンツは防げるか　　**177**

ウォーターマーキング技術への期待

　フェイクコンテンツ対策の主流となりつつあるのが、ウォーターマーキング（電子透かし）技術の導入である。2023年7月、米国のバイデン大統領はOpenAI、グーグル、マイクロソフト、メタ、アンソロピックなどのAIのトップ企業をホワイトハウスに招集した。そして、安全で透明性の高いAI技術開発のための各社の自発的なコミットメントを得たと発表した。各社はその一環として、対象のコンテンツがAIによるものであることを示すウォーターマークの開発に取り組んでいる。

　中でも注目されているのが、「C2PA（Coalition for Content Provenance and Authenticity：コンテンツの来歴と真正性のための連合）」である。C2PAは、アドビ、ARM、BBC、インテル、マイクロソフトなどの大手テクノロジー企業やメディア企業が中心となって2021年に設立された非営利の標準化団体であり、現在はグーグルやOpenAIも加入している。目的は、デジタルコンテンツの出所と改変履歴を追跡するためのオープンな技術標準を開発することである。

　C2PAに準拠した画像生成ツールや編集ツールを使用すると、生成されたコンテンツには自動的に暗号化されたウォーターマークが埋め込まれる。このウォーターマークには、コンテンツの作成者、作成日時、編集履歴などの情報が含まれており、C2PA対応ツールで確認できる（図表3-3）。さらに、コンテンツが改ざんされた場合、そのウォーターマークとの不一致によって検出できるという仕組みである。

図表3-3　C2PA対応ツールによるAI作成画像の検証結果

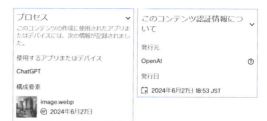

　しかし、C2PAの取り組みにも課題がある。現状では、C2PAの標準に対応したツールで作成されたコンテンツにのみ来歴情報が付与されるため、悪意のある者が非対応のツール（オープンソースのAIツールなど）を使用すれば、この仕組みを回避できてしまう。また、来歴情報を完全に除去することは難しくても、コンテンツそのものをコピーして再配布することで、この仕組みを無効化できる可能性もある。

　また、生成AIによって作成されるコンテンツは多岐にわたるが、画像や動画以外のコンテンツに対しては、ウォーターマーク技術が十分に機能するとは言い難い。たとえば、テキスト生成においては、AIが単語の選択に特定のパターンを埋め込むことでウォーターマークを挿入する技術が提案されているが、この技術はまだ実験段階であり、実用化には至っていない。

　音声に対しても、信頼性の高いウォーターマーク技術は確立されていなかったが、2024年9月にYouTubeが合成歌声の識別技術を開発したことを発表し、注目を集めている。これはYouTube上でミュージシャンなどの歌声を模倣したAI生成コンテンツを自

動的に検出するものであり、他のプラットフォームでも同様の技術開発が期待される。

政府の取り組み

フェイクコンテンツ対策としては、技術的な対策だけでなく、法的枠組みの整備も急務である。欧州連合（EU）は、2024年から段階的に施行予定のAI Act（詳細は「3.3 欧米で進むAI規制と業界への影響」を参照）において、生成AIによって作成されたコンテンツに対する透明性要件を強化する方針を示している。この法律では、AIが生成したコンテンツに明確なラベルを付け、利用者が一目で識別できるようにすることが義務付けられる。

また、米国では、連邦通信委員会（FCC）が、AIを用いたロボコール（AIが生成した音声による電話勧誘）や誤情報に対して厳しい規制を導入することを発表しており、AI技術の悪用を防ぐための法的措置が強化される見込みである。

AI企業のジレンマ

本来であれば、AI企業はC2PAのような技術標準を積極的に導入し、フェイクコンテンツ対策を講じるべきであるが、手放しで賛同できない事情も見え隠れする。それは、仮に自社が導入し、競合他社が導入しなかった場合、シェアを奪われるのではないかという懸念である。世の中にはウォーターマークのような対策技術を導入してほしくない層が一定数、存在する。たとえば、宿題の読書感想文を書くために生成AIを使用した学生は、教師がそれを見

180 第3章 社会・経済編

破るのが困難であることを望むはずだ。

　ChatGPTほぼ一択であった時期は終わり、現在では生成AI市場の競争は激化している。対策技術の導入が市場競争力を低下させる可能性があるとすると、導入に二の足を踏む企業があっても不思議ではない。

　そのため、政府としては今後すべての生成AIプロダクトに最大限除去困難なウォーターマークの埋め込みを義務付けるなど、より踏み込んだ法規制が必要になるだろう。また、オープンソースのAIシステムに関するリスクへの対応や、AI企業に対して生成コンテンツを高精度で識別できる検出器の公開を促すなどの施策も検討すべきである。

メディアリテラシーの重要性と社会全体での対応

　技術的な対策、法的枠組みの整備に加えて、社会全体での教育やメディアリテラシーの向上も必要不可欠である。ウォーターマークなどの対策が普及する一方で、一般ユーザーにもフェイクコンテンツを自ら見分ける能力を持つことが求められる。技術的な対策に頼るだけではなく、社会全体でフェイクニュースや誤情報への対応についての教育が推進されるべきであろう。

　また、企業や政府機関だけでなく、個々の市民もフェイクコンテンツに対する意識を高め、SNSなどで拡散される情報の真偽を慎重に確認する姿勢が重要である。AI生成コンテンツの普及により、今後は本物の情報と虚偽の情報が混在する状況が常態化する可能性が高い。そのため、個々のユーザーが持つメディアリテラシーが、社会全体での情報の信頼性を守る鍵となる。

3.4　フェイクコンテンツは防げるか　　**181**

結 論

　生成AIの進化により、われわれは今、情報の真偽の見極めがかつてないほど難しい時代に直面している。現状の対策に加えて最大限除去が困難なウォーターマーク技術の開発、法規制の整備、国際標準の策定、リテラシー教育の充実など、多面的なアプローチが求められる。完璧な解決策はないかもしれないが、技術と制度の両面から継続的に取り組むことで、フェイクコンテンツの脅威を最小限に抑え、健全な情報社会を維持することは可能だろう。

3.5

選挙におけるディープフェイクの脅威と対策

2024年は、米国大統領選挙をはじめ、世界中で重要な選挙が相次ぐ「選挙イヤー」となった。この選挙年において注目されたのは、生成AI技術の進展による選挙戦術の変化である。中でも、ディープフェイク技術は、従来の選挙キャンペーンの枠を超え、新たな情報戦略の中心に位置づけられている。しかし、その一方で、ディープフェイクは偽情報や誤情報の拡散、さらには選挙妨害を目的とした悪用も懸念されている。

ディープフェイクの民主化の進展

ディープフェイクとは、ディープラーニング技術を駆使して作成された偽の映像や音声のことであり、人間の目や耳では本物と偽物を見分けることが困難なコンテンツが生成される。政治や選挙の文脈では、ディープフェイクは特に有害な存在となり得る。選挙候補者や政治家の発言を偽造することで、有権者に誤った情報を伝え、選挙結果に影響を与える恐れがあるからだ。

ディープフェイクは以前から存在したが、この数年の生成AI技術の進化がディープフェイクをさらに加速させている。画像生成においては、Midjourneyのような直感的なインターフェースを持つツールが普及し、専門知識がなくても数分で政治家の肖像画を作り出すことができる。音声合成の分野では、ElevenLabsのようなAI企業が、わずか数分の音声サンプルから個人の声を再現する技術を実用化している。動画生成に関しても、Synthesia、D-ID、HourOneといった企業が、テキストから自然な動画を生成するサービスを提供し始めている。

　これらのツールの多くは、無料もしくは低コストで利用可能となっている。結果として、ディープフェイク作成のハードルは大きく下がり、誰もが容易に政治家の偽の発言を作り出せる環境が整ってしまったのである。

選挙への影響事例

　選挙イヤーとなった2024年は、ディープフェイクによる具体的な影響が各国で報告されている。代表的なものをいくつか紹介する。

①米国：バイデン大統領の偽のロボコール

　2024年1月、米ニューハンプシャー州の民主党予備選において、ジョー・バイデン大統領になりすました声で投票の棄権を呼び掛ける電話が有権者の元に多数かかってきた。FBIの調査によると、この音声はAIを使って合成された自動音声通話、いわゆる「ロボコール」であり、選挙妨害を目的としていたことが判明した。

184　第3章　社会・経済編

それ以前にも、バイデン大統領が2024年大統領選への出馬を正式に表明した直後の2023年4月、米共和党全国委員会が「What if the weakest president we've ever had were re-elected（史上最弱の大統領が再選したら）」というタイトルの動画を公開し、物議を醸した。AIが生成したこの動画の内容は、バイデン大統領再選後のアメリカの未来を暗示するもので、バイデン大統領の勝利を報じるニュース映像に続いて、台湾での爆撃や、サンフランシスコの街路を埋めつくす武装警察、国境に押し寄せる移民、廃墟と化したウォール街といった終末的な世界が映し出されている（現在もYouTubeで視聴可能。ただし、「改変または合成されたコンテンツ」という注釈がついている）。このように、ディープフェイクは単に選挙妨害の手段としてだけでなく、選挙戦略の一部としても利用されるようになっている。

②パキスタン：収監中の元首相の「復活」

　2024年2月に行われたパキスタン総選挙では、2023年8月から汚職の罪で収監中のイムラン・カーン元首相の声をAIで再現した「勝利演説」が拡散され、支持者を熱狂させた。カーン氏の政党であるパキスタン正義運動（PTI）は、獄中からのメモを基にAIで音声を合成し、過去の写真や映像と組み合わせて演説ビデオを作成。これをソーシャルメディアで公開し、140万回以上の視聴数を記録した。

　このような技術の活用は、選挙活動に制約がある状況下で政治家が有権者に訴える手段として評価する声がある一方で、収監中の政治家の発言をAIで再現することの倫理的問題や、選挙の公平性への影響も指摘されている。

3.5　選挙におけるディープフェイクの脅威と対策　　**185**

同時にカーン元首相に似せた偽の演説がディープフェイクで作成され、選挙をボイコットするよう呼びかけるという事例も発生しており、技術の悪用に対する懸念も高まっている。

③インド：AIによる多言語演説

　2024年4月から5月にかけて総選挙が行われたインドでは、与党インド人民党（BJP）がモディ首相のヒンディー語の演説をAIを使ってタミル語やテルグ語など8つの地方言語に翻訳し、それぞれの言語で音声合成した演説をネット配信した。BJPはヒンディー語話者の多い北部や中部地方を主な地盤としており、弱点である南部地方の言葉で訴えることで支持基盤を広げる狙いがあったとされる。

　これに対し、野党側は、この手法が地域の文化や言語の多様性を無視していると批判。また、AIによる翻訳の正確性や合成音声がモディ首相本人の声と誤認される可能性についても懸念を表明している。

ディープフェイクがもたらす脅威

　ディープフェイクは、特定の候補者になりすまし、特定の候補への投票を促す偽の呼びかけを行ったり、スキャンダルの捏造や政策スタンスの改ざんによって、その政治家のイメージを操作したりするなどして、選挙プロセスに直接的、かつ深刻な影響を与える可能性がある。

　特に選挙直前にこうした偽情報が拡散された場合、検証や反論の時間が不足し、選挙結果を左右する可能性がある。マイクロソ

フトの脅威分析センターは2024年9月、米国の大統領選を狙った海外からの「サイバー影響力作戦」を報告している。具体的には、大統領候補のカマラ・ハリス氏の信用を失墜させるために、ロシア人活動家が俳優を使ってハリス氏がひき逃げ事故に関与したという虚偽の主張をでっち上げた偽動画を制作し、サンフランシスコの地元メディアを装ったウェブサイトを通じて拡散したというものだ。これは、米国の政治を不安定にすることを目的としており、ハリス氏の信用を失墜させることで選挙結果に影響を与えようとしていると考えられる。

　ディープフェイクの氾濫は、有権者の情報判断能力を鈍らせ、健全な民主主義プロセスを阻害する可能性がある。たとえば、情報の真偽の区別が困難になることで、有権者の間で情報不信が蔓延したり、真偽を見極めることへの疲弊から、政治への関心自体が低下したりする恐れが指摘されている。

ディープフェイク対策の現状と課題

　ディープフェイクに対する技術的対策としては、「3.4　フェイクコンテンツは防げるか」で紹介したC2PAのほか、いくつかのスタートアップがディープフェイクの検出ソリューションを提供している。たとえば、イタリアのミラノを拠点とするSensity AIは、ディープフェイク動画や音声の検出を得意としている。ディープフェイク動画の検出では、顔の動きの不自然さや瞬きの頻度、微表情の欠如、顔の境界部分や肌のテクスチャの一貫していない箇所などを分析し、ディープフェイク特有のパターンを検出する。

　また、カナダのトロントを拠点とするResemble AIは、音声生成

技術を提供しており、その技術を生かして、偽音声の検出ソリューションも提供している。同社は音声のピッチ、フォルマント（声道の共鳴周波数）、テンポなどの特徴量を抽出し、自然音声と比較したり、自然音声では存在しないような高周波成分や特定の周波数成分の不自然な強調を検出したりする「スペクトル分析」などによって偽音声の検出を実現している。

　ただし、現時点ではディープフェイク生成技術が急速に進化しており、検出技術が追いついていないのが現状である。そのため、ディープフェイクの生成を防ぐだけでなく、コンテンツの信頼性を担保する技術が今後ますます重要となるだろう。

法的アプローチの必要性

　技術的対策と並行して、法的・規制的な対策も不可欠である。特に「3.3　欧米で進むAI規制と業界への影響」で解説したEUのAI Actは、生成AIによって作成されたコンテンツに対する明確なラベリングの義務付けを目的としており、欧州においては、選挙におけるディープフェイクの悪用を防ぐための重要なステップとなるだろう。

　一方、米国ではディープフェイクに対する法的規制はまだ発展途上にある。しかし、2024年9月に米カリフォルニア州知事がディープフェイク画像や音声・動画コンテンツを用いた選挙広告を規制する法案に署名したことで、一歩前進したかに思われた。しかし、署名からわずか1日後に、表現の自由の侵害だとしてこれを阻止する訴訟を起こされてしまった。連邦地裁はこの訴えを認め、新法の執行を一時的に中止する仮差し止め命令を出した。結局、

連邦レベルでは法制化に至らないまま大統領選に突入し、抑止策は決め手を欠いたままである。

結　論

　ディープフェイク技術の進展は、選挙における情報戦を大きく変えつつある。AI技術の進化に伴い、ディープフェイクコンテンツの品質はますます向上し、それに対する技術的、法的対策も進化していかなければならない。現時点ではディープフェイクによる誤情報の拡散を完全に防ぐ手段は存在せず、今後も技術的対策と規制の両面から粘り強くアプローチしていく必要がある。

3.6

「AI搭載」誇大広告にメス

「AI搭載」を謳う製品やサービスが急増している。しかし、その中には実際のAI技術の活用が限定的であったり、誇張された性能を謳っていたりするケースも少なくない。このような状況を受け、米国連邦取引委員会（FTC）は「AI搭載」を謳う製品の虚偽広告に対する取り締まりを開始した。日本においても同様の問題が発生する可能性があり、FTCの取り組みには注目する必要がある。

米国FTCが開始した「Operation AI Comply」

　米国FTCは、AI技術を利用した虚偽広告や誇大表現に対する取り締まりを2024年に開始した。この「Operation AI Comply」と呼ばれる取り締まりでは、AIを用いた「欺瞞的または不公正な行為」を違法とし、関与した企業に対して法的措置を講じる。

　FTC委員長のリナ・カーン氏は声明で次のように述べている。「AIツールを使って人々を騙したり、誤解させたり、詐欺行為をしたりすることは違法です。FTCの執行措置は、AIが現行法の適用除外ではないことを明確にしています」。

具体的な取り締まり事例

FTCが2024年9月に公表した情報によると、以下の事例が取り締まりの対象となった。

① DoNotPay

「世界初のロボット弁護士」を標榜し、消費者に「弁護士なしで訴訟を起こせる」と宣伝していたが、実際には人間の弁護士と同等の機能を持たないことが発覚した。また、「2000億ドル規模の法律業界をAIに置き換える」と誇大な宣伝をしていたことと合わせて、FTCは「このような虚偽の主張が消費者に誤解を与え、被害を生じさせた」として、措置を講じた。

② Rytr

AIライティングアシスタントを提供し、「ごくわずかな入力で詳細なユーザーレビューを無限に生成できる」と宣伝していた。しかし、実際には対象の製品とは関係のない、作り話の情報を頻繁に含むレビューを生成していた。また、一部の利用者はRytrのライティングアシスタントを使用し、数百、あるいは数万件もの偽情報を含む恐れのあるレビューを作成していた。FTCは、「このようなサービスは市場を歪め、誠実な競争相手や消費者に損害を与える可能性がある」と述べている。

③ Ascend Ecom

アマゾン、ウォルマートなどのECプラットフォーム上でのオ

ンラインストアの開設を支援し、「独自のAIツールの活用によっ
て毎月数千ドルの不労所得をすぐに得られる」と謳い、消費者に
多額の初期投資を求めていた。しかし、実際にはほぼすべての消
費者が約束された利益を得られず、最終的に負債を抱える結果と
なった。少なくとも2500万ドルを消費者から詐取していることか
ら、消費者を欺き、金銭的損失を与える詐欺的なビジネスモデル
であるとして、取り締まりの対象となった。

④Ecommerce Empire Builders

「AIの利用によって、成功するオンラインビジネスを簡単に構
築できる」と謳い、消費者に約2000ドルの高額なトレーニングプ
ログラムなどを購入させていた。数百万ドルを稼げる可能性があ
ると宣伝していたが、実際には消費者から得た資金をオンライン
ビジネスの構築支援のためではなく、私的な利益のために使用し
ていた。

⑤FBA Machine

アマゾンを利用したオンラインビジネスを完全に自動化する
AI搭載ツールを提供、「リスクフリーで7桁のビジネス」を運営で
きると謳っていた。消費者から数万から数十万ドルに及ぶ初期投
資を募り、仮に回収できなかった場合は返金すると偽って資金を
集めていた。FTCは消費者が1590万ドルを超える損失を被ったと
述べている。

これらの事例に共通するのは、AIの能力を過大に宣伝し、消費
者に誤った期待を抱かせていた点である。FTCはこうした行為が

192　第3章　社会・経済編

消費者保護法に違反するとして、厳しい姿勢で臨んでいる。

注目はDoNotPay

　取り締まりの対象となった5つのケースのうち、注目したいのはDoNotPayである。ニューヨークを拠点とするスタートアップであるDoNotPayは2015年に創業し、著名なＶＣであるアンドリーセン・ホロウィッツからの資金提供を含め、これまでに累計2500万ドル以上を調達していた。「世界初のロボット弁護士」というキャッチフレーズで日本のメディアで紹介されることも多く、OpenAIのGPT-3を使用したアプリケーションの代表例として取り上げられることもあった。

　同社は、人間の弁護士を介さずに法的アドバイスを提供し、暴行訴訟を起こしたり、有効な法的文書をすぐに作成したりできると謳っていた。しかし、FTCによると、DoNotPayはこのサービスの出力が人間の弁護士と同等レベルかを判断するためのテストを実施しておらず、また弁護士も雇用していなかったとしている。

　FTC の和解案では、DoNotPayは19万3000ドル（約2800万円）を支払うことになっているほか、証拠を提示することなく人間の弁護士による専門サービスを代替できるといった、誤解を招く広告も禁じている。

「AI搭載」を謳う誇大広告への対応の必要性

　FTCが報告した事例を見ると、AI技術に関連する虚偽広告や過大な主張が消費者に甚大な被害を与えていることは明らかである。

日本でも、近年AIを活用したサービスや製品が急増しており、「AI搭載」を謳う製品やサービスの実態について慎重な検討が必要となってくる。こうした製品やサービスの中には、単純な統計処理や条件分岐のみを行うものも存在する可能性があるからだ。今後は競争優位を確保するために、さらにAIの能力を過度に宣伝するケースが増加すると予想される。こうした状況は消費者に誤解を与え、健全な市場競争を阻害する恐れがある。

　日本の消費者庁や公正取引委員会は、景品表示法や消費者契約法に基づき、誇大広告や虚偽表示に対する取り締まりを行っている。しかし、AI技術特有の複雑さが加わることで、これまでの法的枠組みだけでは不十分な場合もある。このため、今後はAI技術に関する特別な規制やガイドラインの整備が必要になるだろう。

AI事業者に求められる対応

　AI事業者は、製品やサービスにAI技術を用いる際、実際の能力を正確に伝える責任がある。過剰な期待を煽るような広告や誇張した表現は、短期的な利益を生むかもしれないが、長期的には企業の信用を失いかねない。特に日本国内では、景品表示法が誇大広告に対して厳しい姿勢を取っており、企業は法的リスクを十分に考慮する必要がある。

　AI技術の進化は著しく、消費者もその可能性に期待している。しかし、技術的限界やリスクについても正確な情報を提供し、消費者が適切な判断を行えるようにすることが求められる。また、AIツールの性能を過大に見せるための操作や誤った情報提供は、長期的に信頼を損なうだけでなく、法的な問題を引き起こす可能

194　第3章　社会・経済編

性もある。

日本では、2024年に経済産業省と総務省が「AI事業者ガイドライン」を公開し、AI活用に取り組むすべての事業者に対して、AIシステム/サービスの能力、限界などについて、関連するステークホルダーに情報提供することを求めている。

ただし、このガイドラインは法的拘束力を持たないため、ガイドラインに準拠しなかった場合でも、事業者に直接的な制裁が課せられることはない。しかし、それが原因でAIガバナンスに不備が生じ、社会から不適切と評価された場合、事業価値の維持が困難となるだけでなく、企業の信頼を失う可能性もある。そのため、ガイドラインに沿った各事業者の自主的な取組みが強く求められる。

結 論

AI技術の誇大広告は消費者に誤解を与え、企業の信用を損ねる重大なリスクを伴う。米国FTCの事例が示している通り、短期的な利益の追求は、法的問題や市場の信頼喪失につながる恐れがある。

今後、日本でもAI技術に関する規制環境の整備が一層進むことが予想され、AI事業者は透明性と正確な情報提供を徹底する必要がある。同時に、消費者もAIリテラシーを高め、誇大広告や虚偽情報に惑わされないようにすることが求められる。

AI技術の健全な発展には、企業の倫理的行動、消費者の賢明な判断、そして適切な規制のバランスが不可欠である。

（ **3.7** ）

生成AIは「オレオレ詐欺」を 助長するか

生成AI技術の進歩により、特に音声や映像のクローン技術が急速に発展している。わずか数秒の音声からリアルなクローン音声を作成できるようになり、その技術が悪用されることで、いわゆる「オレオレ詐欺」(特殊詐欺) などの犯罪が高度化している。

進化する音声クローン技術

　AIによる音声クローン技術は、人間の声を模倣し、任意のテキストを自然な音声に変換する能力を持つ。具体的には、まず、対象となる人物の音声データを収集し、そのピッチ、音色、アクセントなどの特徴を抽出する。次に、機械学習アルゴリズムを用いて、これらの音声特徴を再現するモデルを作成する。最後に、このモデルを使用して任意のテキストを自然な音声に変換する。

　5、6年前まで、人の声を複製するには15 ～ 30分程度の音声データを必要とし、さらに音声の学習と合成などの処理に数時間から数日かかっていた。しかし、最近の技術進歩により、現在ではわ

196　第3章　社会・経済編

ずか数秒の音声サンプルからほぼリアルタイムに高品質な音声クローンの生成が可能になっている。これは、Facebookページや TikTokに投稿された30秒程度の音声から十分な品質の音声クローンを作成できることを意味する。

さらに、技術の民主化も進んでいる。あるスタートアップ企業は、音声クローンツールを無料～月額330ドル程度で提供している。これにより、高度な技術知識を持たない個人でも容易に音声クローン技術を利用できるようになっている。

音声クローン技術による革新

音声クローン技術は、私たちの生活やさまざまな産業分野に革新的な変化をもたらしている。医療分野では、声を失った患者のために音声を再現し、コミュニケーションを支援している。教育分野では、言語学習アプリケーションに活用され、学習者がさまざまなアクセントや発音を聞き、練習することを可能にしている。

エンターテインメント業界では、2022年に36年ぶりに続編が公開された映画「トップガン　マーヴェリック」でこの技術が活用され、話題を呼んだ。トム・クルーズ演じる主人公マーヴェリックのかつてのライバルであるアイスマンを演じたバル・キルマーの音声である。バル・キルマーは2014年に咽頭がんの手術を受け、声が出せなくなっており、本映画の中でも咽頭がんを患っている設定に変更された。そのため、劇中で肉声を発したのは二言だけだったが、これはAIが生成したものだった。

これらの応用例は、音声クローン技術が社会に多大な恩恵をもたらす可能性を示している。しかし、その一方で悪用されれば深

3.7　生成AIは「オレオレ詐欺」を助長するか　**197**

刻な問題を引き起こす恐れがある。特に懸念されているのが、いわゆる「オレオレ詐欺」の進化だ。

AIを利用したオレオレ詐欺の特徴

　オレオレ詐欺は、主に高齢者をターゲットに詐欺師が電話で親族や知人を装って金銭を騙し取る特殊詐欺である。従来、この手法は詐欺師の話術や声に依存していたが、AIによる音声クローン技術により、オレオレ詐欺は新たな段階に進化した。まず、AIによって再現された音声クローンは本人の声に酷似しており、被害者を騙す確率が格段に高くなった。また、ソーシャルメディアなどから収集した個人情報を基に、よりリアルな状況を演出できるようになった。

　さらに、詐欺行為の効率も格段に向上した。音声クローン技術を使って、音声メッセージを数百人に同時に送信することが容易になっているため、詐欺師は短時間で多くのターゲットに詐欺行為を仕掛けられる。また安価なAIツールの登場により、詐欺の実行コストも大幅に低下している。これらの要因が相まって、音声クローンを利用したオレオレ詐欺は従来の手法よりもはるかに効率的、かつ検出が困難なものとなっている。

家族の声を使った感情的詐欺

　音声クローンを利用したオレオレ詐欺の被害は、すでに世界各地で報告されている。2023年3月、米国アリゾナ州の女性がAIを用いて生成された娘の声で誘拐を装った電話を受けた。この詐欺

では、詐欺師が被害者の娘の声を完璧に再現し、「助けて！」と叫ぶ音声を使って、母親に金銭を要求した。被害者はその声が本物だと信じ込み、パニック状態で金銭を支払おうとしたが、後に詐欺であることが発覚した。このような詐欺手法は高い感情的圧力を利用するため、被害者が冷静に対応することが難しく、多くのケースで金銭を騙し取られてしまう。

　カナダでも同様の手口が報告されている。2023年にサスカチュワン州で、AIで生成された孫の声に祖母が騙され、3000カナダドルを詐欺師に送金してしまう事件が発生した。このケースでは詐欺師が孫の声を生成し、緊急で金銭が必要だと訴える電話をかけた。祖母はその声を信じ、すぐに対応してしまった。

　カナダ当局はさらに深刻な事例として、ある男性が音声クローンを使用して、わずか3日間で8人から20万ドルを詐取したことを報告している。これはAI技術を用いた詐欺の効率性と規模の大きさを如実に示すもので、問題の深刻さを物語っている。

金融機関の音声認証システムも突破

　AIを用いた音声クローン技術は、金融機関などが導入している音声認証システムにも影響を与えている。2023年、アメリカのあるジャーナリストが自らの声をAIで作成し、それを使って銀行の音声認証システムの突破を試みる実験が成功したと報告した。この実験では、あるAIスタートアップが無料で提供している音声生成サービスを使用し、銀行口座にログインし、口座残高の参照や取引履歴の確認ができたという。

　これは赤の他人であっても、わずか数秒の音声サンプルを入手

できれば、銀行口座にアクセスできることを意味する。詐欺師は
SNSやYouTubeなどに投稿された個人の音声を悪用し、ほぼ無料
で使える音声生成サービスで音声クローンを作り出す。本人確認
のために求められる生年月日もSNSから見つける。このため、著
名人や政治家、インフルエンサーが狙われることが多い。音声認
証システムを導入している銀行が多いアメリカでは、この脅威が
深刻であり、すでに多くの銀行が代替の認証方法を検討している
という。

　2023年にアメリカの消費者がFTC（連邦取引委員会）に報告した
詐欺による損失額100億ドルのうち、27億ドルがなりすまし詐欺
によるものだという。これはオンラインショッピング詐欺や投資
詐欺などを抑え、詐欺のカテゴリの中では一番多く、2022年度か
ら1億ドルも増加している。

音声だけでなく、姿かたちも模倣

　最近では、より洗練された詐欺手法も報告されている。2023年、
香港のある多国籍企業の財務担当者が、AIを用いたディープフェ
イク技術によって作成された偽のビデオ会議に参加させられ、
2560万ドル（約35億円）もの資金を詐取される事件が発生した。こ
の事件では、犯罪者たちは企業のCFO（Chief Financial Officer）を
含む複数の幹部のディープフェイクを作成し、リアルタイムのビ
デオ会議を偽装した。被害者は、画面上で見た人物たちが本物の
同僚だと信じ込み、「秘密の取引」のために多額の送金を行ってし
まったのである。

　これはビデオ会議という通常は安全だと考えられているコミュ

200　第3章　社会・経済編

ニケーション手段でさえも、AIによって操作される可能性があることを示している。単純な音声の模倣から始まり、今では視覚的要素も含めた総合的な偽装が可能になっており、一般人がこれらの詐欺を見抜くことはますます困難になっている。

導入企業、開発企業の責任

　現行の法制度では、AIによる詐欺行為に対する法的な枠組みは十分に整備されておらず、企業の責任追及が難しい状況にある。他の基盤技術と同様に、AI企業が提供する音声クローン生成技術がどのように使われるかを事前に制御することは困難だからである。それだけに、詐欺行為が発生した後の対応や技術の悪用を防ぐためのガイドラインの作成等が必要になる。

　すでに一部の企業は、生成された音声クローンを追跡できるようにしたり、匿名のユーザーは音声クローンを生成できないようにするなどの制限を設けたり、あるいはAIが生成した音声の識別ツールを提供するなどの対応策を講じているが、どこまで実効性があるかはまだわからない。

　また、2023年初めには、米国の上院委員会で銀行セクターを監督する委員長が大手銀行のCEOに対して音声認証サービスの利用状況を説明するよう求める書簡を送付した。内容は、「顧客が音声認証をどのくらいの頻度で使用しているか」「音声認証の不備による侵害に銀行はどのように対応しているか」といったもので、規制当局も監視の目を強めつつある。

結 論

　警察庁によると、日本国内の2023年のオレオレ詐欺による被害額は133億円に達し、前年の129億円を上回っている。今後、日本でも音声クローンなどの生成AIを活用した詐欺が広がり、被害が拡大する恐れがある。そのため、早急に技術開発者や利用者、そして規制当局が連携して悪用防止策を講じる必要がある。

　ただし、単にこの技術を脅威とみなすだけではなく、社会に多大な恩恵をもたらす可能性があることも忘れてはならない。革新的な技術が進展する中で、悪用を防ぐための枠組みを構築しつつ、ポジティブな応用を促進するといったバランスが求められる。技術そのものを悪者にするのではなく、その利用方法や規制によって、われわれはその恩恵を享受しつつ、リスクを最小限に抑える道を選ぶ必要がある。

3.8

ソブリンAIに日本はどう取り組むか

AIは、国家の競争力や安全保障に直結する技術であり、各国が自国のAI能力を保有・運用する「ソブリンAI（Sovereign AI）」の構築を急いでいる。

しかし、AI技術を完全に自国で保有・運用することは、多くの国家にとって容易ではない。膨大な投資と技術的なリソースを必要とし、すべての国がその準備を整えているわけではないからだ。ここでは、ソブリンAIの概念や各国の動向を分析し、日本が目指すべきスタンスについて考察する。

ソブリンAIとは何か

ソブリンAIとは、国家が戦略的にAI技術を開発・展開し、国家主権、安全保障、経済競争力、社会福祉を守るための取り組みを指す。国家が他国に依存せずにAI技術を活用するための基盤を整えることを目的としており、この技術的独立が特に重要視されている。

エヌビディアのCEOであるジェンスン・フアン氏は、「各国が独自の文化や言語に対応したAIを活用するためには、ソブリンAIの構築が不可欠だ」と指摘している。また、IBMのCEOであるアービンド・クリシュナ氏も、「すべての国がソブリンAI能力を持つべきだ」と強調し、AIコンピューティングセンターの設置や特定のユースケースに向けた共通データセットの整備を政府が進める必要があると述べている。

IT企業のCEOの発言だけにポジショントーク的な側面があることは否定できないものの、AI技術が各国の経済競争力や安全保障において中心的な役割を果たすことは各国政府間でも共通認識となっている。

ソブリンAIを推進するために必要な要素

ソブリンAIを構築するためには、以下の5つの要素が不可欠である。これらの要素が不足している場合、AI技術を効果的に活用し、自国の利益を守ることは難しくなる。

①データ主権の確立

AIモデルの訓練には大量のデータが必要であり、特に自国の言語や文化、産業に適応したデータが重要である。たとえばシンガポールは、地域の多様な文化や言語に対応するローカルデータを活用して、AIモデルの開発を進めている。

②インフラストラクチャーの整備

AI技術を開発・運用するには、スーパーコンピュータ、データセ

ンター、5G通信ネットワークなどの高性能コンピューティングインフラの構築が必要となるほか、AIチップなどのハードウェア開発能力も求められる。

③人材育成と確保

AI開発には、研究者やエンジニアなど高度な技術者の育成が欠かせない。特に、最先端の技術（例：LLM、マルチモーダルAI）開発ができる人材が豊富であることが、国のAI能力の決定要因となる。カナダやアメリカなどは、世界的なAI研究拠点を持つことでこの分野での競争力を確保している。

また、AIスタートアップの育成支援や大企業とスタートアップの連携促進といった産業エコシステムの構築、場合によっては、海外の優秀な人材の誘致と定着支援なども必要になる。

④資金

AI技術の研究開発には、膨大な投資が必要である。インフラ整備や技術者の確保、データの収集には多額の資金がかかり、政府や民間企業の支援が不可欠である。中国やアメリカは、それぞれ数千億ドル規模の投資を行っている。

⑤国際協力

AI技術は一国ですべての領域で完全に自給することは難しく、重要な分野での技術的独立を確保しつつ、国際的な協力を活用することが効率的なアプローチとなる。技術の共有や他国の研究リソースを活用することで、特定分野では技術的自立を追求しつつ、全体的なAI能力を効率的に高めることが可能である。

3.8　ソブリンAIに日本はどう取り組むか　**205**

各国のソブリンAI戦略

　これらの要素を踏まえ、世界の主要国のソブリンAIに対するスタンスを分析すると、以下のようなカテゴリーに分類できる。各国はそれぞれ異なる条件や目標に基づいてAI開発を進めており、特にデータ、インフラ、技術力、資金、国際協力のバランスが鍵となる。

①ソブリンAIに積極的な国々

　中国、ロシア、インド、サウジアラビア、アラブ首長国連邦（UAE）などが、この分類に該当する。ただし、その取り組み方や重点分野は国によって異なる。

- 中国：最も包括的かつ積極的なアプローチを取っており、技術開発から産業応用まで幅広い分野で国家主導の戦略を展開している。2021年から2022年にかけて3000億ドルを半導体産業に投資し、強力な国家主導のAI戦略を推進している。
- ロシア：軍事利用や安全保障分野での応用に重点を置いているが、国際的な制裁の影響を強く受けており、技術的な進展に一定の遅れが生じている。ロシア政府は中国との協力を通じてこの弱点を補おうとしている。
- インド：農業、医療、言語翻訳、セキュリティなどの国内の課題解決に重点を置いたAI活用を推進しながらも、国際的な競争にも参画する「実践型ハイブリッド戦略」を採用している。
- サウジアラビアとUAE：資金力を武器に大規模な投資を通じて

AI技術の発展を推進している。たとえば、UAEは世界初の「AI大臣」を任命するなど、政府主導のAI戦略を積極的に推進している。一方で、技術基盤や人材面での課題を抱えているため、両国は国外からの技術や専門家の招致を進め、巨額の投資を行うことでAI技術の向上を図っている。

これらの国々は、程度の差はあれ、AI技術の自立的な開発と応用を国家戦略として重視している。ただし、完全な技術的独立を目指すというよりは、自国の強みを活かしつつ、必要に応じて国際協力も活用するアプローチを取っているといえる。

②バランス型を志向する国々

カナダ、フランス、ドイツ、イギリス、シンガポール、オーストラリアなどが、この分類に該当する。これらの国々は、国際協力の利点を活かしつつ、重要な技術領域での自律性確保を目指している。

・カナダ：モントリオール、トロントなど世界的なAI拠点を有しており、政府はAIインフラに24億カナダドル（約18億ドル）を投資し、国内の研究者や企業が高度なAI技術を活用できる環境を整えている。しかし、必ずしも完全なソブリンAIを目指しているわけではなく、米国やその他の国際的なテクノロジー企業との協力を重視している。
・フランス：「AI for Humanity」戦略を発表し、EU全体のAI政策形成に積極的に関与しつつ、国内のAI産業育成とのバランスを重視している。

3.8　ソブリンAIに日本はどう取り組むか　**207**

・ドイツ：製造業を中心にAI技術を活用しつつ、EUとの協力を重視している。EU全体での技術開発と共有を進めることで、特定分野での技術独立を目指している。

・イギリス：Brexit以降、自国のAI戦略を強化する一方で、国際的なテクノロジー企業との連携を維持しながら、医療や安全保障分野など特定の分野での独立を目指している。2023年には、AI分野に10億ポンド（約13億ドル）の投資を行っている。

・シンガポール：東南アジア地域の多様な文化や言語に対応するために、7億シンガポールドル（約5億ドル）をAI技術の研究開発に投資し、ローカルデータを活用したAIモデルの開発に力を入れている。また、AI Singaporeなどの機関を通じた研究開発、国際協力の推進など、包括的なアプローチを取っている。

・オーストラリア：2023年に1.5億オーストラリアドル（約1億ドル）をAI技術の開発に投資しているものの、広大な地理的条件と人口規模がソブリンAIの完全な自立にとって大きな障壁となっている。オーストラリア政府は国際的な協力を重視しつつ、教育や医療分野などの自国に適した分野でのAI導入を進めている。

　これらの国々は、完全な技術的独立を目指すのではなく、国際協調と自国の強みを活かしたAI開発のバランスを取るアプローチを採用している。

③アメリカ：テック企業主導型のハイブリッド戦略

　アメリカは、ソブリンAIの推進において独自の立場を取っている。世界最大のテクノロジー企業群と先進的な研究機関を擁するアメリカは、以下のような特徴的なアプローチを採用している。

・民間主導の技術開発：OpenAIやマイクロソフト、グーグルなどの大手テック企業中心に最先端のAI開発を牽引。
・政府の戦略的支援：政府は半導体分野に500億ドルを超える投資を行うなど、主にインフラ面での支援を実施。
・国際競争力の維持：半導体やAI技術の輸出規制を通じて、技術的優位性を確保。
・柔軟な規制アプローチ：イノベーションを阻害しない範囲での倫理的ガイドラインや規制を模索。

　アメリカの戦略は、政府による直接的な管理よりも、民間セクターの力を最大限に活用しつつ、国家安全保障や経済競争力の観点から必要な介入を行うというものだ。これは「官民協調型のAI覇権戦略」と呼ぶことができ、ソブリンAIへの積極的なアプローチでありながら、他国とは異なる独自の形を取っているといえる。

日本が進めるソブリンAI関連プロジェクト

　日本は、これまでAIチップや基盤モデルなどAI基盤技術の多くを海外ベンダーに依存してきた。しかし、2024年11月に閣議決定した総合経済対策に2030年度までの7年間で半導体・AI分野に10兆円規模の公的支援を行うことを盛り込み、次世代半導体の研究開発や量産化などを推進する予定である。また、これまで、政府が後押ししてきた以下のプロジェクトは、今後の日本のAI戦略において重要な役割を果たすと見込まれる。

① ABCI

「ABCI（AI Bridging Cloud Infrastructure：AI橋渡しクラウド）」は産業技術総合研究所（産総研）が構築し、AIST Solutionsが運用するAIの技術開発・橋渡しのためのスーパーコンピューティング基盤であり、2018年8月から本格運用を開始している。2021年5月に「ABCI 2.0」にバージョンアップし、2025年1月から、「ABCI 3.0」が本格稼働する。ABCI 3.0では、HPE（ヒューレット・パッカード・エンタープライズ）のスーパーコンピュータ「HPE Cray XDシステム」を採用し、クラスター全体でエヌビディアのGPU「H200」を6000個搭載する。

② LLM-jp

「LLM-jp」は、日本語に特化したLLM（大規模言語モデル）の研究開発プロジェクトである。国立情報学研究所（NII）、産総研、東京工業大学が主宰し、東北大学や東京大学なども参加している。産総研はLLMの構築に必要な計算インフラとして、ABCIをLLM-jpに提供する。

③ Generative AI Accelerator Challenge（GENIAC）

経済産業省が主導する「Generative AI Accelerator Challenge」（GENIAC）は、生成AI技術の発展を促進するためのプログラムであり、スタートアップ企業や研究機関に対する支援を強化している。これにより、日本の産業界における生成AI技術の導入が加速し、技術的独立と競争力の強化が図られると期待される。

210　第3章　社会・経済編

結 論

　日本は高度な技術力と産業基盤を持つ一方で、人口減少や財政面での制約といった課題を抱えている。半導体・AI分野に10兆円規模の公的支援を行うことが明らかになったが、AI用半導体やその周辺システムに関しては、国際的な協力なしには進展が難しく、完全な技術独立は現実的ではない。そのため、国際協力を活用しつつ、自国の強みを活かした「選択的ソブリンAI戦略」が、日本にとって最適な選択肢となるだろう。

　特に、日本語処理や高齢化社会への対応といった国内特有のニーズに応えるためのAI開発は他国に依存できない分野であり、これらの分野でのソブリンAI能力の構築は不可欠である。既存のプロジェクトを基盤として、日本は国際競争力を高めつつ、選択的なソブリンAI戦略を推進することが望まれる。

3.9

米中AI協議のゆくえ

近年、AI技術の急速な発展に伴い、米中両国間のAI関連の緊張が高まっている。両国はAI技術の覇権を巡って熾烈な競争を繰り広げており、その背景には経済的利益だけでなく、国家安全保障上の重要性も存在する。米国政府は自国の技術的優位性を維持し、中国のAI開発を牽制するため、エヌビディアのA100やH100などの高性能AIチップの対中輸出規制を実施。こうした状況下で2024年5月、ジュネーブにおいて米中AI協議が開催された。

最初の一歩としては評価できるが、依然として隔たりも

2023年11月のバイデン大統領と習近平国家主席による首脳会談を受けて実現した今回の協議は、AI技術の安全性とリスク管理を巡る意見交換が中心となった。米国からは国家安全保障会議（NSC）のタルン・チャブラ新興技術担当上級部長らが、中国からは外交部や科学技術部などの代表者が参加。非公開で行われた会談は「率直で建設的」であったと両国から評価されている。

しかし、両国の立場の隔たりは依然として大きい。米国側はAIによる恩恵を実現するために、AIシステムが安全で、セキュリティが確保され、信頼できるものであることを確保すること、そして、その上で世界的なコンセンサスを継続的に構築することの重要性を強調した。さらに、中国によるものも含めAIの悪用に対する懸念を表明した。「悪用」の具体的な内容は明らかにされていないが、中国による監視技術への応用や軍事利用などを念頭に置いていると推察される。一方、中国側は米国による「AI分野での制限や圧力」に対し、強い不満を示した。これは主に高性能AIチップの輸出規制を指すものと考えられる。

AI技術の二面性と国際協調の必要性

AIは医療、教育、環境問題などさまざまな分野で人類に恩恵をもたらす可能性を秘めている。同時に、サイバー攻撃や偽情報の拡散など、悪用された場合の国際的な混乱や誤解を引き起こす脅威も指摘されている。特に最先端の大規模言語モデルや基盤モデルは、その能力の全容が解明されていないため、予期せぬリスクをもたらす可能性がある。AI技術の透明性や説明責任が欠如している場合、これらのリスクはさらに深刻化する。

AI技術はまた、軍事技術に応用される可能性が高く、偶発的な衝突のリスクを増大させる。特に米中間の軍事的競争が激化する中で、AIを用いた自律型兵器や監視システムの開発（詳細は「3.10 AIの軍事利用は防げるか」を参照）が進むことは、国際的な緊張をさらに高める要因となり得る。

このような状況下においてAI技術の健全な発展と安全な利用

を確保するためには、国際的な協調が不可欠である。2023年11月に英国で開催された「AI安全サミット」では、28カ国・地域および欧州連合（EU）が参加し、AI開発における安全性確保の重要性を確認する「ブレッチリー宣言」が採択された。米中両国もこれに署名しており、少なくともAIの安全性確保という大枠では一致している。

しかし、具体的なアプローチには相違点も多い。米国は民間企業主導の開発を重視し、政府は安全性確保のためのガイドライン策定や規制の検討に注力すべきとするスタンスである。一方、中国は国家主導でAI開発を推進し、より積極的な政府の関与を掲げている。また、AIのグローバルガバナンスについても、中国は国連を中心とした多国間主義的なアプローチを支持し、これが技術の公平な利用とリスク管理に寄与すると主張している。これは、米国主導の規制や一方的な制裁に対抗するための戦略であると考えられ、米国の影響力を相対的に低下させる可能性があるため、当然、米国は慎重な姿勢を示している。

半導体を巡る攻防とその影響

AI技術の発展において、高性能な半導体チップの存在は不可欠である。米国政府が実施している対中輸出規制は、主にこの半導体分野を対象としている。具体的には、エヌビディアの A100やH100といった高性能GPUの輸出が制限されており、これらは大規模言語モデルの学習に必要不可欠な部品である。

米国の狙いは、自国の技術的優位性を維持し、中国のAI開発を遅らせることにある。米国は過去にも、Huawei（ファーウェイ）へ

214 第3章 社会・経済編

の制裁や高性能チップの販売制限を通じて、中国の技術的台頭を抑制しようとしてきた。ただし、この規制の影響は複雑である。確かに短期的には中国のAI開発にブレーキをかける効果があるだろう。しかし、長期的には中国の半導体産業の自立を促進する可能性もある。実際に中国政府は、国内の半導体産業育成に巨額の投資を行っている。

また、この規制は米国企業にも影響を与えている。エヌビディアやAMDといった半導体メーカーにとって、中国は重要な市場である。輸出規制により、これらの企業の収益に影響が出ることは避けられない。

さらに、オープンソースソフトウェアの開発にも悪影響を及ぼす可能性が指摘されている。多くのAI関連のオープンソースプロジェクトは国境を越えた協力によって発展しており、輸出規制によって中国の開発者がこれらのプロジェクトに貢献することが困難になるためである。また、規制対象のハードウェアを使用したソフトウェアの開発や共有が制限されることで、イノベーションの速度が低下する恐れもある。オープンソースの精神である「知識の自由な共有」が阻害されることで、グローバルなAI技術の進歩が鈍化する可能性も懸念される。

AI開発における倫理的課題と人権問題

AI技術の発展に伴い、倫理的な問題や人権侵害の懸念も高まっている。特に中国に対しては、AI技術を用いた監視システムや少数民族の管理などに対し、国際社会から批判の声が上がっている。米国も自国内でのAI利用に関して、プライバシーの問題や差別の

助長などの課題に直面している。

　こうした問題に対処するため、AIの開発と利用に関する国際的な倫理基準の策定が急務となっている。しかし、各国の価値観や政治体制には違いがあるため、統一的な基準作りは容易ではない。米中AI協議においても、こうした倫理的側面についての議論が行われたと推測されるが、具体的な合意には至っていない。

今後の展望と課題

　米中AI協議は、両国間の対話の糸口として一定の意義があったと評価できる。しかし、具体的な成果や今後の協議の予定については明らかにされておらず、実質的な進展があったかどうかは不透明である。

　今後、米中両国がAI技術の発展と安全性確保の両立を図るためには、以下のような課題に取り組む必要があるのではないだろうか。

①透明性の確保

　両国とも、AI開発の現状や将来計画について、より透明性を高める必要がある。特に軍事利用に関しては、誤解や誤算を避けるため、可能な限り情報を開示し、相互理解を深めることが重要である。

②国際的な規範作り

　AI技術の利用に関する国際的な規範やガイドラインの策定を進める必要がある。この過程では、米中両国が主導的な役割を果

たすことが期待される。ただし、他の国々の意見も十分に反映さ
せ、公平で実効性のある枠組みを構築することが重要である。

③技術協力の推進

　競争と並行して、気候変動対策やパンデミック対応など、人類
共通の課題に対するAI技術の応用については、協力を推進すべき
である。こうした分野での協力は、両国間の信頼醸成にもつなが
る可能性がある。

結　論

　AI技術は21世紀の覇権を左右する重要な要素となっており、米
中両国の競争は今後も続くことが予想される。しかし、AI技術が
もたらすリスクの大きさを考えれば、ある程度の協調は不可欠で
ある。2024年5月に行われた米中AI協議は、その第一歩として評
価できるが、具体的な成果につなげるためには継続的な対話と信
頼関係の醸成が必要である。

　両国は競争と協調のバランスを慎重に取りながら、AI技術の健
全な発展と安全な利用を確保していく必要がある。それは単に両
国の利益だけでなく、人類全体の未来にも関わる重要な課題であ
る。

3.9　米中AI協議のゆくえ　**217**

3.10

AIの軍事利用は防げるか

AIの軍事利用を巡る議論が国際的に高まりつつある。AI
は戦場での迅速な意思決定、兵士の安全確保、攻撃精度
の向上など、多くの利点をもたらす一方で、自律型致死
兵器システム（Lethal Autonomous Weapons Systems =
LAWS）が引き起こす倫理的問題や、AIによる誤判断のリ
スクは深刻な懸念を生んでいる。

AIの軍事利用の現状と潜在的影響

　AIの軍事への応用分野は、情報収集・分析、意思決定支援、自律
型システム、サイバー攻撃、ロジスティクスなど多岐にわたる。こ
れまで、人間の意思決定や操作に頼っていた戦闘行動が、AIによ
って部分的または完全に自動化されることで、迅速かつ正確な判
断が可能となる。たとえば、自律型ドローンや自動化された監視
システムがAIを搭載し、リアルタイムで目標を特定し、攻撃を実
行に移す。これは戦場における反応速度を飛躍的に向上させ、犠
牲者の減少につながる可能性がある。
　しかし、その一方で、AIの誤作動やアルゴリズムの偏りによる

誤判断が深刻な被害を引き起こすリスクも無視できない。無人兵器が誤って市民を攻撃するような事態が発生すれば、国際法違反や人権侵害につながる可能性がある。また、AIを利用した戦争が拡大することで、国家間の緊張が高まり、AI技術が軍事競争を激化させるリスクも存在する。

　このようなリスクを防ぐため、AI技術の利用に関する国際的な枠組みが必要とされており、各国が協力して技術の適切な使用を推進することが重要である。

イスラエルにおけるAI兵器システムの実用化

　実はAIの軍事利用はすでに現実のものとなっている。特に、イスラエルは長年、ガザ地区を新しい軍事技術の実験場として利用しており、AI搭載の兵器システムもその一環である。

　特に注目されたのは、2021年5月に行われたイスラエルの「ガザ侵攻」で、これは「初の人工知能戦争」と呼ばれている。イスラエルメディア「＋972マガジン」は、イスラエル国防軍がAIを搭載した「Lavender（ラベンダー）」や「Gospel（ゴスペル）」と呼ばれるターゲティングシステムを使用したと報じている。これらのシステムでは、大量の監視データを分析し、イスラム組織ハマスの戦闘員と疑われる人物を割り出し、攻撃目標を設定するために使われているという。ラベンダーは個人を、ゴスペルはインフラ施設をターゲットとしており、リアルタイムで人やインフラなどの攻撃目標を自動的に生成できる。

　しかし、これらのシステムは完璧ではない。ラベンダーはハマス関係者を特定する際の誤認率が10％であったにもかかわらず、

3.10　AIの軍事利用は防げるか　**219**

イスラエル国防軍はラベンダーが自動で作成した「殺害リスト」を、あたかも人間の決定であるかのように自動的に採用することを全面的に承認したという。つまり、AIが自動で生成した攻撃対象のリストを人間が確認することなしにそのまま採用し、誤って武装組織とは無関係なガザ市民を攻撃した可能性があるということだ。もし、これが事実であれば、倫理的にも人道的にも許されることではない。

　また、こうしたAIによる意思決定プロセスは、人間の判断を排除し、大規模な破壊と殺戮を「客観的なアルゴリズムの結果」として正当化する危険性もある。

国際社会の対応：国連総会の決議（2023年12月）

　AIの軍事利用に対する国際的な懸念は、2023年12月に国連総会で採択された「自律型致死兵器システム（LAWS）への対応が急務」という決議によって強調された。この決議では、AI兵器が国際法に従って使用されることを確認しつつも、これが新たな軍拡競争を引き起こす可能性について警鐘が鳴らされた。

　国連決議には、日本や米国を含む152カ国が賛成したものの、ロシアやインドは反対し、中国やイスラエルは棄権した。特に、イスラエルはガザ地区でのAI兵器の実用化を進めていることから、この技術に対する規制に慎重な立場を取っている。AI兵器が「第3の軍事革命」とも称される中、こうした技術の制御が困難であることが、国際的な不安を煽っている。

220　　第3章　社会・経済編

REAIMサミット（2024年9月）と
国際的な合意の限界

2024年9月に韓国ソウルで開催された「Responsible AI in the Military Domain（REAIM：軍事分野における責任あるAI）」サミットでは、AI技術の軍事利用に対する国際的な規制強化が主要なテーマとなった。このサミットでは、「Blueprint for Action（行動のための青写真）」が採択され、AI技術が人権や国際法を侵害しない形で使用されるためのガイドラインが示された。特に、核兵器の使用に関する意思決定に人間の管理と関与を維持することの重要性が強調された。

しかし、この合意には法的拘束力がなく、日本、米国、英国、オーストラリアなど60カ国以上が署名したものの、中国やロシアを含む主要な軍事国は署名を見送った。これにより、規制の実効性が疑問視されており、特に署名を拒否した国々が独自に軍事AI技術の開発を加速させる可能性が懸念されている。

AI技術の二重用途性と民間企業の関与

AI技術は、その二重用途性（デュアルユース）により、平時の民間利用と戦時の軍事利用が容易に混在する。たとえば、AIを搭載した自動運転技術やドローンは、物流や医療救援に貢献する一方で、戦場での兵器としても活用される。このため、AI技術の平和利用を推進する枠組みが必要とされているが、現状では規制の実効性に大きな課題が残っている。

さらに、グーグルやアマゾンなどの民間企業も、軍事機関に技術提供を行っていることが問題視されている。イスラエルがガザ地区で使用しているAIシステムの一部には、これらの企業のクラウド技術が使用されており、軍事目的に加担しているとの指摘もある。

これに対し、2024年5月にはグーグル傘下のDeepMindの従業員約200名が、同社のAI技術がイスラエルや米国の軍事機関に提供されていることに対して抗議した。従業員は、AI技術が戦争の手段として使われることは、グーグルの「AI原則」に反すると主張し、軍事目的でのAI技術の使用を停止するよう求めた。

この抗議運動は、企業がAI技術をどのように活用するかについて、従業員レベルでの関与が進んでいることを表している。また、技術者たちが自身の技術がどのように利用されるかに対して責任を感じていることも浮き彫りにしている。企業は、AI技術を開発・提供する際に、その利用が倫理的であるかを慎重に見極めなければならない。

一方で、グーグルはこの従業員からの抗議に対して、契約はクラウドコンピューティングサービスに関するものであり、軍事目的のAI技術の提供には直接関与していないと説明しているが、従業員たちの不安は払拭されていない。

結 論

AIの軍事利用を防ぐには、国際社会の協力や企業の倫理的責任が必要とされる。しかし、技術の進化と各国の安全保障上の懸念が交錯する中で、すべての国や企業が同じ方向に進むとは限らない。特に、中国やロシアのように軍事技術の開発を進める国々が

合意に参加しないことで、依然としてAI軍拡競争が激化するリスクが存在する。

　この問題の本質は、技術そのものではなく、その技術をいかに管理し、使用するかということである。AIの軍事利用が完全に排除されることは難しいかもしれないが、国際的な協力と技術の適切な運用によって、そのリスクを最小限に抑え、安全で平和な未来を目指すことが可能であると信じたい。

城田真琴

しろた・まこと

野村総合研究所 DX基盤事業本部 兼
未来創発センター デジタル社会・経済研究室
プリンシパル・アナリスト

大手電機メーカーを経て、2001年に野村総合研究所に入社。IT基盤技術
戦略室長などを経て現職。専門は先端技術、及び先端ITビジネスの動向
分析とそれらを活用したビジネス/IT戦略の立案支援。
総務省「スマート・クラウド研究会」技術WG委員、経済産業省「IT融合フォ
ーラム」パーソナルデータWG委員、経済産業省・厚生労働省・文部科学省
「IT人材需給調査」有識者委員会メンバーなどを歴任。
著書に『ChatGPT資本主義』『決定版Web3』『エンベデッド・ファイナンス
の衝撃』(いずれも東洋経済新報社)、『大予測 次に来るキーテクノロジ
ー2018-2019』『デス・バイ・アマゾン』(日本経済新聞出版)などがある。
BSテレ東「日経プラス10」、NHK「おはよう日本」、フジテレビ「めざまし8」
などのテレビ出演も多数。

生成AI・30の論点 2025-2026

2025年1月17日　1版1刷

著者　城田真琴

発行者　中川ヒロミ
発行　株式会社日経BP
　　　日本経済新聞出版
発売　株式会社日経BPマーケティング
　　　〒105-8308　東京都港区虎ノ門4-3-12

装幀・本文デザイン　野網雄太(野網デザイン事務所)
印刷・製本　シナノ印刷株式会社

©Makoto Shirota, 2025　　ISBN978-4-296-12165-6　　Printed in Japan

本書の無断複写・複製(コピー等)は著作権法上の例外を除き、禁じられています。
購入者以外の第三者による電子データ化および電子書籍化は、私的使用を含め一切認められておりません。
本書籍に関するお問い合わせは下記にて承ります。
https://nkbp.jp/booksQA